MEDITACIONES EN LA VÍA

Pedro Corzo

A la memoria de mi madre,
Elida Estrella Eves Ruiz,
que siempre fue un ejemplo de coraje y sacrificio.

Este libro recoge conferencias y ensayos
presentados o publicados en los últimos 20 años.

Algunos de los trabajos publicados reiteran parcialmente
ciertos análisis como consecuencia de que fueron elaborados
en diferentes etapas y distintos escenarios.

El autor

PRÓLOGO

"Mientras las generaciones no nazcan políticamente unas de otras, como ocurre biológicamente, la incomprensión de nuestra propia historia seguirá siendo el signo dominante de cada período. La historia no se aprende en los libros".

Aureliano Sánchez Arango.
Doctor en leyes, profesor universitario y político cubano.

Pedro Corzo, escritor de varias importantes obras anteriores y productor de 13 documentales históricos-testimoniales, en "Meditaciones en la vía" reúne una serie de análisis político y social por medio de 15 ensayos y conferencias, de su autoría, publicados o impartidas a lo largo de los años que van del 1994 al 2013, en diferentes países como: Venezuela, Estados Unidos, España, Suecia y Puerto Rico. Comparte con los lectores su visión sobre el presente y futuro de Cuba. También de Latino América y por ende de la humanidad, ya que con precisión cirujana examina la fascinación malsana que ciertos personajes han ejercido sobre sus pueblos para convertir nación y habitantes en propiedad de alguien en particular (Stalin, Hitler, Mussolini, Mao Zedong, Fidel Castro, etc) o reducido grupo de personas, dispuestas a poner en práctica para "el bien colectivo" una especie de eugenesia social y económica.

Más que una visión inmediata y temporal de los acontecimientos que, sobre todo a partir de la segunda mitad del siglo XX, extendiéndose a la actual segunda década del XXI, sacudió a Cuba, la región y consecuentemente al mundo, con su carga de ideologías totalitarias de raíces mesiánicas y propósitos meta-históricos, Pedro Corzo al estudiar y enjuiciar las circunstancias que rodean los hechos, por su vasta experiencia empírica y conocimientos históricos, políticos e intelectuales, nos ofrece, con la lectura de este volumen, la oportunidad de reflexionar y sacar conclusiones sólidas y valederas para beneficio de quienes se preocupan por el devenir de la política y el comportamiento alterado que ciertos movimientos sociales, de intenciones o prácticas totalitarias, ocasionan en amplios sectores poblacionales, que casi siempre resultan ser los más desposeídos.

Desposeídos que cansados de implorar a dioses o ídolos inaccesibles, ven en "el vendedor de promesas" la solución inmediata a todos sus males y consecuentemente el castigo ejemplar para los presuntos culpables.

El autor de "Meditaciones en la vía" no es el académico o intelectual de acogedores recintos universitarios o cenáculos gestores de frías doctrinas o ideas luminosas y, en muchos casos, ausentes de juicios equilibrados y accionar humano.

Pedro Corzo nació en Cuba y proviene, desde muy joven, de la lucha frontal contra el totalitarismo castrista. Fue dirigente estudiantil y al ser expulsado, en su nativa ciudad de Santa Clara, de todos los centros de enseñanza superior del país en 1961, se dedica, por convicción democrática, a combatir al sistema que no dejaba otra opción, para los amantes de la libertad, que el enfrentamiento frontal y violento.

Ya, en pleno clandestinaje, fue miembro dirigente, en la provincia de Las Villas, del Directorio Revolucionario Estudiantil (DRE) y posteriormente del Movimiento Revolucionario del Pueblo (MRP).

Detenido en 1964 por la policía represiva del régimen, es condenado a 20 años de prisión y trasladado al Presidio Modelo de sla de Pinos. Tiempo más tarde el reclusorio, por motivos hartos conocidos, es clausurado y Pedro Corzo, junto a otros miles de prisioneros políticos comienza un cruel peregrinaje por otros penales de Cuba, incluyendo "modernos" campos de concentración, al mejor estilo estalinista o nazi, como lo fue y sigue siéndolo, entre otros, la triste célebre "Alambrada de Manacas", y sus celdas tapiadas.

Fueron varios años de encierro en los cuales el autor de "Meditaciones en la vía" se dedicó, bajo el rigor del maltrato y la represión, a observar y estudiar el comportamiento humano y las artimañas, llenas de promesas lunáticas, que los sistemas totalitarios emplean (en este caso el castrista) para envilecer al ser humano y llevar a algunos a perseguir, delatar, discriminar y hasta asesinar a otros conciudadanos, con los cuales, hasta la víspera "del Nuevo Orden", habían compartido vecindario, juegos infantiles, centros de enseñanzas, risas, penurias y hasta lazos sanguíneos.

Aquella máxima lanzada por Fidel Castro en reunión celebrada con los intelectuales cubanos, en la Biblioteca Nacional de Cuba, en junio de 1961: "Dentro de la revolución todo; contra la Revolución nada", había calado hondo en el pensamiento de Pedro Corzo y le hizo reflexionar que detrás de aquellas palabras se agazapaba la destrucción de la herencia patria, costumbres y tradiciones que le permitiría al aventurerismo castrista inventarse su propia mitología, en detrimento del desenvolvimiento lógico, generacional y político que permite el desarrollo armónico de toda nación democrática.

Liberado en el año 1971, y siempre bajo la lupa de la policía política que lo catalogaba de "ideólogo"; luego de desempeñar varios modestos oficios para sostener a su familia, Pedro Corzo, en la primera mitad de la década de 1980 logra salir de la Isla rumbo a Venezuela, donde prosigue la lucha contra el castro-comunismo y comienza a manifestar sus criterios en enjundiosos artículos y ensayos políticos y sociales que son publicados por respetadas revistas y periódicos de la nación hermana.

En 1992 se radica en los Estados Unidos de Norteamérica. Funda junto a amigos y compañero de ideales y prisión el periódico "El Observador Iberoamericano", al tiempo que se inicia en la conducción de programas radiales y televisivos, sin dejar de proseguir escribiendo para importantes medios de prensa como el diario "El Nuevo Herald" de la ciudad de Miami.

En su quehacer periodístico y ensayístico, junto a la realidad que vive Cuba, no ceja de emitir opiniones y preocupaciones en relación a Latino América; la injerencia nefasta de La Habana en movimientos sociales e indigenistas, partidos políticos y gobiernos de corte populista y matriz totalitaria que por medios de elecciones libres pretenden, o ya lo han logrado, llegar al poder, para terminar barriendo con la institucionalidad democrática de la cual se valieron para obtener metas, ajenas a los discursos proselitistas y de campaña política, con los que embaucaron a la mayoría de la ciudadanía, ávida de necesarios y urgentes cambios estructurales, en todos los órdenes. Tal es el caso de la Venezuela actual.

Sus inquietudes de siempre, ampliadas por las nuevas realidades y la campaña de desinformación que el castrismo mantiene en importantes países, lo motivaron para, en compañía de otros compatriotas, crear el "Instituto de la Memoria Histórica Cubana contra el Totalitarismo"; organización no partidista, sin fines de lucro, que valiéndose de conferencias, testimonios, libros y documentales, ajustados a la más estricta verdad histórica, dan a conocer a la opinión pública mundial, la brutalidad inhumana, esclavista y antisocial que el sistema de gobierno de los hermanos Castro y sus secuaces, por más de medio siglo, han impuesto al pueblo de Cuba. Y consciente que la cultura general es peldaño indispensable, también encontramos su impronta en el Pen-Club de Escritores Cubanos en el Exilio y el Círculo de Cultura

Panamericano.

En "Meditaciones en la vía", ensayos como: "Yo los he visto partir", 1959: "Entre el miedo y la esperanza", "Éxitos y fracasos del exilio cubano en sus estrategias", "Apuntes sobre una insurrección contra la desesperanza", "La subversión castrista en Venezuela", "La concertación totalitaria", "La transición política en Cuba" y "Totalitarismo y subversión"", por mencionar solo algunos, se revela que no estamos frente a un libro de poca memoria. Por el contrario, en el contenido de esta obra vibra el conocimiento inherente al ser humano con sus eternos e inevitables aciertos y desaciertos.

En otro orden, me arriesgo a estimar que topamos a lo largo de la lectura, sin que el autor, gran conocedor del pensamiento martiano, lo atestigüe con el palpitar de aquello que, en circunstancia oportuna, José Martí manifestara: "Un gobierno debe nacer de las condiciones naturales de cada país", para más adelante asegurar: "No hay batalla entre la civilización y la barbarie, sino entre la falsa erudición y la naturaleza".

J. A. Albertini
Miami
Otoño 2013

Índice.

A los que se fueron.
A los que han perdido la memoria de nuestras playas y campos.
A la juventud que se escapó entre rejas.
A los hijos que crecieron solos.
A los que nunca tuvieron hijos por entregarse a cuba.
A los padres que no volvimos a ver.
A nosotros todos.

Es posible que alguien se pregunte ¿Por qué estos hombres y mujeres recuerdan sus prisiones?, interrogante para el que hay varias respuestas.

Primero, es necesario que nosotros rindamos culto a los héroes y mártires de esta gesta sin que eso implique desconocer a los que cumplieron con su deber en otros períodos oscuros de nuestra historia.

Segundo, consideramos importante que las generaciones emergentes sepan que en estos 40 años han existido cientos de miles de hombres y mujeres que ofrendaron vida, libertad y juventud para su país.

Nuestro deber como antiguos prisioneros políticos es legitimar para la posteridad a nuestros héroes y mártires, recordar los años de grandes sacrificios, porque, por encima de diferencias y frustraciones, estamos orgullosos de haber estado en prisión por haber enfrentado al régimen totalitario.

El Presidio Político Cubano, por su intensidad y extensión, es una de las gestas más emocionantes y de mayor significación de nuestra historia, pues Presidio, para muchos de nosotros, fue la maduración biológica e intelectual y también la racionalización de las convicciones patrióticas que cada uno albergaba en su conciencia.

El Presidio no es solo la experiencia política más trascendente de nuestras vidas, sino también una formidable experiencia existencial que a veces puede conducir a la añoranza de las rejas, porque, sin lugar a dudas, la prisión nos hizo crecer en nuestra dimensión de buscadores de sueños y constructores de realidades.

Sin embargo, estamos conscientes que el hecho de haber estado presos por una causa justa no nos otorga derechos, solo deberes, junto a la genuina e intransferible satisfacción de haber sido un preso político.

La nación cubana, lamentablemente convulsa en todo su devenir histórico, ha sufrido la dramática experiencia de un régimen absolutista y totalitario, y como consecuencia, la acción de una represión feroz y criminal sin paralelo en la historia americana.

Esa represión creó el paredón de fusilamiento, los "Yo los he visto partir camino del paredón", del hermano Manuel Villanueva[1]. Las prisiones más cruentas, numerosas y extensas en toda la historia del continente, y nosotros, con encantos y desencantos, aciertos y errores, frustraciones y éxitos, seguimos orgullosos de portar las huellas de esas experiencias. La prisión nos marcó, no solo con el número que nos cargaron, sino también con vivencia inolvidables.

El Presidio Político es expresión genuina de nuestra nación, porque es plural en pensamiento político, amplio en convicciones religiosas, mosaico de razas y crisol de todo nuestro espectro social.

La edad no fue frontera para dormir en una celda o para ser encerrado en un calabozo. El sexo no eximía de maltratos y vejaciones, todo lo contrario, la mujer cubana que fue a prisión, sufrió todas las crueldades que el régimen era capaz de concebir.

Una de las circunstancias más crítica de la prisión fue la diversidad de nuestros orígenes políticos y los compromisos históricos que habíamos contraído.

Esa fue la primera prueba que aún, por la extensión del Pre-

---

[1] Ex prisionero político. Fue testigo de varias ejecuciones en la prisión de La Cabaña. Compuso varias canciones, entre ellas "La Montaña", considerada el himno de la prisión política cubana.

sidio, se continúa repitiendo. Una experiencia dura y cruenta. La confrontación existió y en muchas ocasiones fue violenta. Pero en un tiempo relativamente breve, los conflictos fueron básicamente superados y de los choques iniciales pasamos al mutuo respeto y a la convivencia democrática. El proceso no fue fácil, pero venció la tolerancia, la vocación de entendimiento y el amor a Cuba.

Indiscutiblemente, en la dinámica de la acción carcelaria cometimos deslices. En ocasiones erramos en tácticas y los objetivos eran confundidos, al extremo de que no pocos llegaron a concebir el Presidio como un fin y no un grave accidente en nuestro quehacer político, pero esos errores nos hicieron más conscientes de los compromisos contraídos, al extremo de que podemos afirmar que la Prisión no fue, ni es, una gestión pasiva, una espera de un sueño que se anhela concretar, sino una dinámica trinchera de ideas y hechos que formó y forma parte sustancial del proceso democratizador de la nación cubana.

El Presidio fue épico y lírico. Poesía y epopeya, y aún hoy, a pesar de décadas de horrores y terrores, sigue nutriendo pródigamente la historia de Cuba, porque nuestros hombres y mujeres continúan rechazando la dictadura y eso les lleva a prisión, a la Casa Grande y sin piedad de que hablara José Martí.

Desde nuestro punto de vista, una de las pruebas más críticas de Presidio fue la terrible soledad en la que tuvieron que crecer, en años y conciencia, las mujeres y hombres que lo integraban e integran.

En el presente, nuestros presos tienen una pequeña ventaja, el mundo sabe que están allí, en la sombra de las rejas, y aunque no es suficiente, la solidaridad se hace sentir.

Ayer no solo "Nadie escuchaba", sino que tampoco querían aceptar que existíamos. Éramos NO PERSONAS para una parte de nuestro pueblo y para la opinión pública mundial, porque la criminal censura de la dictadura no posibilitaba el conocimiento de la realidad en que vivíamos.

En Presidio, la muerte estaba al acecho. Era nuestra eterna, fiel y asexual compañera, lo mismo en el trabajo forzado, en la celda solitaria, que en el pabellón o la galera. La muerte o la invalidez atacaban sin piedad ni aviso. La bayoneta, el disparo alevoso y la enfermedad no tratada, dejaron a muchos "al pie de la montaña". El suicidio fue para algunos la razón en aquella locura interminable. La demencia apagó inteligencia y sesgó espíritu como fiera guadaña. La batalla fue dura y aún continúa. Los golpes llegaron a doblegar cuerpos pero no espíritus. Recordemos los pasos de jicotea. Las crueles tapiadas[2]. Los húmedos fosos de la Cabaña y San Severino, el plan de trabajo forzado Camilo Cienfuegos.

Aquel trabajo esclavo, la brutalidad de los esbirros y hasta aquellos camiones sin barandas en los que nos hacinaban con extrema crueldad. Recordemos que nosotros éramos menos que bestias para la dictadura en aquel inolvidable por cruel y heroico Plan de Trabajo que impusieron en nuestra entrañable Isla de Pinos.

En nuestras memorias están impresos a sangre ardiente "Campeón" y "Brazo de Oro", junto a "Pomponio" o el "Ñato"[3].

Pensar en ellos y en otros, reedita requisas y recuentos, horrores y terrores, dinamita en los túneles[4], hambre desesperada, desnudez contestaria y las huelgas de hambre[5], voluntarias y valerosas, que se llevaron a más de un compañero. Aquellas vivencias están en nosotros, dentro de nosotros.

Y cómo no hablar de los compañeros que partían a la muerte y a los pocos minutos oíamos la ciega descarga de fusilería, el

---

[2] Celdas sin ventanas con las puertas con una placa de metal que impedía ver hacia el exterior.

[3] Algunos de los sicarios más renombrados de la dictadura que sirvieron de custodios en el presidio de Isla de Pinos.

[4] Las circulares tenían un túnel que las recorría por debajo de las celdas de los presos. Esos túneles permitían a los custodios acceder a la torre que estaba en el centro interior de la circular, sin que los presos pudieran evitarlo. Un solo guardia desde la altura de la torre dominaba los cinco pisos y la azotea, que también se uso para vivir por el hacinamiento. Un guardia era inmune desde la torre. Los túneles fueron dinamitados para hacer explotar todo el presidio si el gobierno veía en peligro su control sobre los prisioneros. Fueron miles de kilo de TNT y dinamita sobre la que vivieron más de dos años millares de prisioneros políticos.

[5] Numerosos presos políticos murieron en huelga de hambre en el presidio político cubano. Los más emblemáticos ha sido Pedro Luis Boitel, un líder estudiantil, y más recientemente Orlando Zapata Tamayo, un obrero de la construcción.

tiro solitario, todo ello precedido en muchas ocasiones por un "Viva Cuba Libre".

De Isla de Pinos nos secuestraron a 23 compañeros, y de ellos 21 fueron fusilados[6]. Llevaban más de dos años presos cuando la férrea dictadura los asesinó.

Y las fugas, ¿quién las olvida? La preparación, la tensión de la acción y la desesperación por cubrir a completo en el recuento para que los esbirros no se percatasen de quienes faltaban, y así dar más tiempo a los compañeros evadidos.

Y de la ternura perdida, por qué no hablar de ello. De la juventud que se nos iba. Las arrugas y las canas que venían a galope contra nosotros. De las playas y fiestas que no conocimos. De la novia, el novio, la esposa y marido que en el largo andar tomaron otro rumbo.

Cuántos besos escapados, cuántas pasiones mordimos con las piernas y los dientes. Por qué no hablar de nuestra humanidad perdida y de los deseos marchitos. Todo eso está, junto a nuestros muertos, nuestros locos, nuestros lisiados, en el inmenso tributo que por años la prisión política ha rendido a Cuba.

La Prisión Política tiene una jerarquía propia en la Historia de Cuba, es una gesta heroica de casi cuarenta años. Con decenas de combatientes que pasaron más de 20 años enrejados y con un siempre presente compañero que estuvo en la manigua carcelaria del régimen por 30 años, Mario Chanes de Armas, 30 años, en la manigua asfixiante de las rejas, un mambí digno de ser comparado en tesón, valentía y dedicación patriótica con los gigantes de nuestras guerras por la independencia de 1868 a 1898.

Hombres de una sola pieza como Alfredo Izaguirre[7] y márti-

---

[6] En un lugar conocido como La Ceiba, próximo a la ciudad de Trinidad, fueron masacrados 19 de estos hombres y dos fusilados el día anterior. De los 23 arriba mencionados, solo sobrevivieron dos. Actualmente solo vive Aldo Chaviano.

[7] Alfredo Izaguirre, periodista, miembro de la Sociedad Interamericana de Prensa, cumplió muchos años de prisión y fue el primer prisionero en "plantarle" al Plan de Trabajo Camilo Cienfuegos. Un plan de trabajo forzado al que eran movilizados miles de presos políticos en condiciones muy precarias y eran obligados a trabajar en el campo más de ocho horas todos los días. En el "plan" fueron asesinados varios prisioneros políticos.

res de la magnitud de Ernesto Díaz Madruga, Diosdado Aquit Manrique y muchos más.

La jerarquía ética de la prisión política cubana es indiscutible. Por años fue una trinchera importante contra la dictadura, siempre nutrida por los combatientes que eran arrestados y condenados.

A nivel internacional, la Prisión Política Cubana tiene una dimensión muy propia que se ha acrecentado con las transformaciones geopolíticas recientes, de las que una de sus consecuencias ha sido mostrar al mundo la verdadera naturaleza de los regímenes de corte soviético.

Nuestras vivencias, aunque con décadas de ignorancia, han irrumpido en cierta medida en la conciencia mundial y los atropellos y vejámenes que sufren los que aún guardan prisión son expuestos al conocimiento público.

Las cárceles son un foco más de la resistencia cubana y no un mero almacén de hombres y mujeres derrotados. Ellos continúan luchando, por lo que siguen siendo ejemplos, la vanguardia del proceso democratizador cubano.

El Presidio fue y es consecuencia del clandestinaje, la propaganda, la denuncia, la montaña, las infiltraciones y de otros muchos ejercicios políticos de la lucha, pero por su combatividad puede decirse que adquirió personalidad propia y mantiene vigencia activa en momentos trascendentes de nuestra historia.

Pero si hemos hecho referencia al Presidio, hay que comentar sobre presos, presas, expresos y expresas. Tenemos que hablar de nosotros y contemplarnos en nuestras respectivas grandezas y miserias.

Hurgar dentro de nosotros los motivos de nuestros actos pasados y el motivo de los presentes. Preguntarnos sobre lo que hicimos y lo que estamos haciendo. Concientizar que el pasado nos obliga a un presente actuante y a un futuro de compromiso. Que el haber estado en prisión no nos exime de deberes con la Patria, sino que los acrecienta.

Algunos de nosotros vivimos de glorias pasadas como si la "Patria fuera Pedestal y no Ara". Hay quejas de la poca relevancia que tiene el Presidio y consecuentemente los presos en la realización política del destierro, pero la cárcel fue una vivencia que honra, pero no para recostarse a la vera del camino.

Una realidad que tendremos siempre presente los prisioneros políticos cubanos son las angustias que padecieron nuestros familiares.

Nuestras madres, hermanos y esposas, eran abusados y vejados contantemente. Las amenazas de que son objeto los familiares de los presos son muchas. Ellos vivían en el miedo de lo que podía ocurrirnos.

Sufrían la separación, la escasez crónica de alimentos y vestidos, los problemas con el transporte, porque por lo regular nos recluían lo más lejos posible del lugar donde vivía nuestro familiar más próximo.

Conocían de los abusos y malos tratos de que eran objeto los presos, lo que angustiaba a nuestra gente. Una angustia y pesar que repercutía en nosotros, porque veíamos los padecimientos de nuestros seres queridos, sabíamos que cumplíamos con nuestro deber, pero a la vez hacíamos penar a nuestros seres más amados.

Todo lo descrito nos afecta. Al extremo que tal vez cansados estemos todos. Frustrados, decepcionados, tal vez lo estén muchos de nosotros, pero todo eso tenemos que vencerlo, como lo hicimos individual y colectivamente con el miedo y la desesperanza cuando estábamos en prisión, porque, cuando agobiados estemos y se nos pierda el camino, simplemente debemos buscar el más difícil y escabroso, porque casi seguro que ese es el verdadero.

Cuando el desencanto cunda en nuestras pieles y huesos, ya viejos de sueños y desesperanzas, nos resta el supremo deber de pensar en los que cayeron en la lucha, en los que murieron en prisión, en los que a las rejas le consumieron la razón, en fin, en todos aquellos y en los muchos de nosotros que nunca subiremos la montaña.

Caracas. Junio. 1994

Reflexiones sobre los Dictadores

Es posible que muchos se pregunten, ¿qué es un dictador, qué factores definen a un gobernante con un calificativo que deshonra y por qué hay pueblos que soportan dictaduras cuando otros nunca las han padecidos?

También es razonable averiguar por qué un dictador disfruta de apoyo popular y lo que es más alarmante todavía; por qué causas un mandatario que accedió al poder violentando la institucionalidad, puede acceder de nuevo al poder con el apoyo electoral de una mayoría ciudadana.

Sin duda son preguntas complejas que probablemente no tengan respuestas precisas y menos sin generalizarlas, pero sí es evidente que hay culturas que tienen una fuerte propensión al gobierno fuerte, el liderazgo indiscutido, a la aceptación de una autoridad que asuma responsabilidades, que aparentemente la mayoría ciudadana prefiere evadir.

Por supuesto que no todos los dictadores son iguales en propósitos y métodos y aunque entre ellos hay diferencias, existen factores comunes que les identifican sin que importe época, cultura, geografía, educación ciudadana o ideología, si es que el dictador en cuestión se considera abanderado de alguna.

Dictador puede ser quien asume por decisión propia o por delegación una autoridad ilimitada que no está sujeta a cuestionamiento. El poder que detenta no está en discusión ni es sujeto de debate. El dictador es figura y genio de un propósito de gobierno, cualquiera que este sea.

Los dictadores no admiten retos a su autoridad, pero no todos responden a los desafíos con igual brutalidad ni soportan con igual entereza las presiones de que son objetos por parte de la oposición.

El dictador se identifica más por su carácter que por el hecho de ocupar un poder político, religioso o económico. El dictador demuestra un profundo desprecio por la opinión ajena. Ignora el derecho que asiste a los que les debaten los suyos. El dictador es intolerante, sectario, y hasta paternalista en sus abusos.

El dictador gusta del elogio, de la adulación, de la sumisión a su voluntad. Disfruta de la historia y por lo regular está convencido que con sus acciones escribe los capítulos más gloriosos de la misma.

Para el dictador envilecer a los que le apoyan, a los que se le oponen y hasta a los indiferentes es un mandato que garantiza su perpetuidad. El envilecimiento ciudadano es su carta de triunfo y eso lo logra con los premios y castigos que dispensa a caprichos de su voluntad.

Los dictadores son taimados, inescrupulosos, vendedores de promesas y hacedores de castillos en el aire pero, muy en particular, desconfiados, porque para ellos la lealtad es proporcional a los privilegios que otorga.

Creen en los comentarios sin fundamentos y en ocasiones ellos mismos los promueven.

El dictador es un mentiroso con talento. Un hombre que conoce la gente que gobierna, que sabe de debilidades y grandezas y con un aguzado sentido del qué hacer en los momentos de crisis, porque conoce mejor que ningún otro conductor que su poder se asienta tanto en su capacidad de evaluar el entorno, como en lo oportuno de sus decisiones y en las contradicciones de quienes se le oponen.

El dictador no es un cobarde por naturaleza, como algunos gustan calificar. Puede ser un miserable, pero su valor personal está por encima del promedio del de sus conciudadanos. No es prudente confundir en un dictador la cobardía con su sentido de la prudencia o la pérdida de la motivación para gobernar. Los dictadores son victimarios por naturaleza, pero eso no implica que sean pusilánimes ni cobardes.

El valor personal de muchos dictadores es incuestionable porque la mayoría de ellos acceden al gobierno gracias a su disposición a correr riesgos, por audacia y temeridad.

Las motivaciones que sostienen e impulsan a los dictadores pueden ser múltiples y complejas, y responden a varios patrones, por lo que, a pesar de posibles semejanzas en la forma de dispensar su autoridad y ejercer el liderazgo, las diferencias entre ellos son fácilmente apreciables por un observador aplicado.

Hay dictadores sumamente carismáticos. Verdaderos seductores de masas e individuos. Personajes que poseen una capacidad excepcional para atribuirse los éxitos y distribuir las culpas.

Son individuos agradables, obsequiosos y comprensivos cuando las circunstancias lo requieren. Con tales habilidades para intimar que su interlocutor puede llegar a creer que el dictador está bajo la influencia de su ingenio.

Este tipo de dictador es extremadamente peligroso, porque su mesianismo es contagioso y su afán de redención afecta la roca más insignificante de su reino. Ellos pueden dividir la sociedad y llevarlas a puntos de confrontación tan agudos que la comunidad puede llegar a resentir sus valores más trascendentes y abarcadores.

Bajo estos líderes, los pueblos sufren metamorfosis alienantes. El rebaño es objeto de la voluntad de su conductor pero se cree sujeto en la personalidad de este. El individuo se hace infinitesimal en la voluntad de quien maneja sus miedos, frustraciones, aberraciones y quimeras. Estos líderes son como los agujeros negros en el cosmos, tienen tal capacidad de atracción que consumen todas las luces e individualidades que le rodean.

Dichos líderes pueden estar inspirados por una especie de religiosidad. Se consideran elegidos e infalibles y cuando tienen el sostén de una ideología su capacidad de contaminación y destrucción se acrecienta.

Crean una mística en su entorno y tienen la capacidad de generar sentimientos transcendentes en sus propuestas y hacer creer a sus seguidores en la constitución de un nuevo mundo y de un hombre diferente.

Estos personajes, bien accedan al poder por medio de un proceso insurreccional o a través de gestas populares que favorecen una especie de sacralización laica, ejercen un gran control sobre las masas.

Pero también hay dictadores de naturaleza burocrática, y aunque pueden responder a una casta u oligarquía, y disfrutar de un poder omnímodo, rara vez llegan a contentarse con la simpatía y el apoyo popular.

Estos dictadores son eficientes en controlar la maquinaria del poder, son trabajadores y crueles como requieran las circunstancias y detentan el poder por su indiscutible capacidad para intimar y privilegiar al mismo tiempo.

En ocasiones este tipo de hombre fuerte hereda el mando ya sea por designación o por vencer en la lucha por el poder; y no pocas veces su poder es balanceado con la existencia de una contraparte que es quien en realidad designa a quien ostenta el liderazgo.

Por supuesto que hay dictadores de opereta. Individuos que han llegado al máximo liderazgo prácticamente sin proponérselo. Estos pueden ser tan crueles como el más iluminado de los líderes, pero son fácilmente influenciables y sus propósitos pueden ser modificados sustancial y regularmente.

También los hay que a través de instituciones del estado ejercen un férreo control sobre las actividades públicas. Ellos controlan las asambleas y los poderes judiciales por medio de sinecuras y violencias de terceros si las condiciones lo demandan.

Este tipo de dictador gusta de elecciones y hasta concede ciertas libertades de expresión, pero su afán por el poder, a pesar de que lo renueva con el voto popular, permite ver su cola de cercenador de libertades. Ellos tienen una fuerte propensión a obras materiales faraónicas, a través de las cuales consideran perpetuarse.

También, y es posible que olvidemos alguna especie de estos vertebrados que causan tanto daño a la humanidad, existe el dictador capaz de sintetizar todos los atributos antes mencionados, y son los que no solo hacen historia para sus pueblos sino que, como supernovas aberradas, irradian oscuridad durante siglos en la historia universal.

Miami.1995.

1959: ENTRE EL MIEDO
Y LA ESPERANZA

¿Qué ocurrió en la sociedad cubana para que un individuo y su corte pudieran asumir el control de la misma sin que aparentemente existiese una organización con capacidad suficiente para imponer un nuevo modelo y menos aún para sostener por décadas un gobierno repleto de contradicciones teóricas y prácticas donde la única coherencia ha radicado en su capacidad para conservar el poder político aun a costa de incumplir la utopía que decía inspirarlo?

Para algunos analistas lo ocurrido en Cuba es producto de una conspiración o algo similar, pero veamos algunas de las diferentes hipótesis:

Hay quien plantea que el comunismo internacional patrocinó el proyecto sobre Cuba desde los años 20 y para otros, los poderosos del Potomac, al ver que el régimen iniciado en 1959 se asociaba al Kremlin, auspiciaron tal unión para tener en América Latina una "vidriera" en la que pueblos y gobiernos pudieran apreciar el fracaso de tales teorías.

No falta quienes exponen que el pueblo había agotado sus expectativas políticas y que al haber perdido la confianza en sus líderes tradicionales, junto a los perjuicios que al orgullo ciudadano habían provocado las intervenciones estadounidense, 1898, 1909 y 1933, favoreció que en la memoria colectiva de la nación subyacerán niveles de frustración que solo estaban a la espera del momento oportuno para expresarse con extrema sensibilidad y fuerza.

Otros insisten que todo lo que acontece en Cuba es producto

de la profunda vocación imperialista de sus habitantes, que siempre están en la procura de coyunturas políticas que les permitan proyectarse internacionalmente, aunque para ello tengan que involucrar en sus debates internos a naciones extranjeras y corran el riesgo de que su soberanía sea limitada.

También se puede preguntar por qué una isla que era la más próspera del Caribe y que gozaba de niveles de desarrollo económico y social superiores a los de la mayoría de las repúblicas americanas, fue escenario de una revolución tan radical con masivo apoyo popular y que en otros países del hemisferio, donde la pobreza, la discriminación e injusticias eran más flagrantes no se produjesen acontecimientos semejantes, máxime cuando muchos de estos países sufrieron posteriormente la desestabilización insurreccional que auspició el gobierno que se instauró en la Isla.

No pocos, y entre estos se encuentran fundamentalmente personas comprometidas con el proceso insurreccional y revolucionario que a posteriori se excluyeron, aducen que lo acontecido en la Isla fue consecuencia del golpe militar del general Fulgencio Batista, el 10 de Marzo de 1952, que como una especie de agente catalizador neutralizó, destruyó y engendró fuerzas políticas que desestabilizaron la sociedad, provocando junto a la crisis institucional la conciencia pública de que la sociedad exigía una cura a fondo que erradicase las angustias ético-morales que periódicamente la afligían.

Hay quienes a lo anterior agregan que la sociedad de referencia, gracias a los progresos que disfrutaba gozaba, de una población relativamente educada y consciente de sus derechos que tendía a procurar una mayor justicia y equidad social, y que en la comunidad se estaba expresando un liderazgo emergente, de franco carácter progresista, que aunque no compartía los extremismos que ya practicaba la Revolución, no dudó en sumarse a esta con la convicción de que el rumbo y la velocidad política podrían ser reducidos en el momento que lo creyesen conveniente.

De haber sido así, incurrieron en un error doble, ingenuidad y soberbia, porque la Revolución los utilizó tanto en cuanto fueron útiles por su fidelidad sin cuestionamiento.

No falta quienes insisten en que todo lo acontecido es producto de la sincronía, conjunto de acontecimientos que concurren en un momento determinado de la historia, porque consideran que no es razonable que por sus propios méritos, un proceso político y su liderazgo, en un país de tan limitado peso especifico en los asuntos mundiales, mantenga un protagonismo relevante por tanto tiempo.

Es posible que los progresos tecnológicos[8], particularmente en las comunicaciones, hayan jugado una función clave en la ascensión y confirmación de la Revolución y sus dirigentes, porque en el país existía una densa red informativa notable por su eficiencia.

En esta red se destacaba la televisiva, que fue el vehículo más idóneo para difundir el mensaje del nuevo orden y hacer conocer a niveles de familiaridad a los líderes del proceso revolucionario que hábilmente saturaron este medio y todos los demás, con su presencia y mensaje de una manera de virtual omnipresencia.

El posterior control de los medios de prensa a través de las coletillas, la censura y la confiscación, junto a una especie de sacralización de la Revolución y los revolucionarios, fueron factores que también gestaron en las masas populares la creencia de que los líderes no solo eran todopoderosos, sino que poseían todos los conocimientos.

Puede ser también que lo ocurrido solo haya sido producto de un ingenioso discurso populista bien salpicado de promesas de justicia social y nacionalismo. con sofisticadas dosis represivas que fueron incorporando en la conciencia de la tribu que la unanimidad en el pensamiento y la acción, eran claves para sobrevivir y poder cumplir las tareas que la Revolución asignaba.

Pero algunos analistas consideran que fue la represión abierta y descarnada, junto al control económico del país, que convertían al gobernante en benefactor o inquisidor, según el caso, los factores que determinaron que el gobierno asumiese la dirección total de la

---

[8] Cuba tenía una red de comunicaciones muy extensa y el gobierno la usó ampliamente para adoctrinar a la población.

nación, pero esto no explica la complicidad por omisión o participación de individuos y sectores de la sociedad que se incorporaron a la materialización del proyecto y que por motivos sociales, filosóficos, económicos y hasta religiosos, eran enemigos naturales de lo que se estaba gestando en la república y a los que por sus posiciones sociales y capacidad intelectual les era fácil apreciar lo impropio de muchas actuaciones del gobierno y sus líderes.

Es difícil racionalizar por qué en 1959 muchos ciudadanos, de un civismo activo y comprometido, no denunciaron los juicios al estilo del que se efectuó contra el coronel Jesús Sosa Blanco[9], el doble proceso judicial a los pilotos[10], los fusilamientos sin proceso judicial adecuado, el golpe de estado contra el presidente Manuel Urrutia[11] que dirigió Fidel Castro, las injustificadas denuncias y posterior encarcelamiento del comandante Huber Matos[12] y otras muchas barbaridades que se cometieron sin justificación alguna y que presagiaban lo que vendría después.

---

[9] Sosa Blanco fue un general del régimen anterior que fue acusado de numerosos crímenes. Fue sometido a una parodia de proceso judicial. El juicio fue celebrado en el Palacio Deportivo ante la presencia de miles de personas que gritaban "Paredón". No tuvo oportunidad de defensa. El propio acusado, que con suma entereza calificó el espectáculo de "circo romano", fue fusilado horas después.

[10] Varios pilotos, mecánicos de aviación y otras personas vinculadas a la fuerza área de la dictadura de Fulgencio Batista fueron procesadas por crímenes de guerra a instancias de Fidel Castro. Todos los procesados fueron absueltos, no obstante, Castro ordenó un nuevo juicio en el que todos los encausados fueron condenados a diferentes penas de cárcel. El comandante del Ejército Eebelde y presidente del tribunal, Félix Lugerio Pena, se suicido, algunos dicen que fue asesinado. Otro de los miembros del tribunal fue encarcelado.

[11] Manuel Urrutia fue el primer presidente después del triunfo de la Revolución. Fue impuesto por Fidel Castro, con quien a los pocos días de estar ambos en el gobierno, empezaron a tener fuertes fricciones hasta que Urrutia fue depuesto por un incruento golpe de palacio encabezado por el propio Fidel Castro.

[12] Huber Matos, histórico comandante del Ejército Rebelde. Fue jefe de la provincia de Camagüey después del triunfo revolucionario. Su posición contraria a la penetración comunista le buscó numerosos problemas hasta que en octubre de 1959 fue hecho prisionero y condenado a 20 años de cárcel después que publicó una carta dirigida a Fidel Castro en la que denunciaba la penetración comunista. Matos cumplió los 20 años de cárcel.

No es fácil comprender por qué los políticos profesionales se sumaron al proceso cuando muchos de sus colegas eran discriminados, en su mayoría arbitrariamente. Tampoco se entiende por qué los consuetudinarios evasores de impuestos decidieron pagarle al fisco y menos aun se razona cómo ávaros propietarios de bienes inmuebles hacían generosas donaciones a organismos gubernamentales.

No se entiende por qué sectores de ciertas comunidades económicas que iban siendo afectados en sus intereses de una forma escalonada, pero firme, creyeron el mensaje gubernamental de que "solo va a caer la cabeza que está delante de la tuya".

Es sin duda inaudito que la mayoría de la población respaldase la consigna "elecciones para qué", que aceptase la militarización de la sociedad y no pocos se hiciesen ecos de la consigna, "esta es tu casa Fidel".

Lo antes expuesto pudo o no haber influido en el período insurreccional y en el posterior proceso revolucionario; es más, tal vez falten otros elementos o simplemente uno que los sintetice a todos, pero sí es prudente agregar otra hipótesis y esta se fundamenta en el individuo que no solo protagonizó el 1959 del Miedo y la Esperanza -como lo calificara el Dr. José Illan en una conversación en "La Peña Azul" con el Dr. Salvador Lew y quien escribe, sino que aún tiene en el drama nacional el papel principal y que en el panorama mundial, a pesar de los continuados fracasos, es todavía un punto importante de atracción.

El personaje es Fidel Castro, porque la historia es caprichosa, engendradora de constantes contradicciones y su estudio es contemplar un perenne debate entre lo justo y lo injusto, tal y como ocurre en el mundo interior del hombre, pero que también en ocasiones la historia se independiza de su creador el hombre y cuando esto acontece le regala a la humanidad que la crea personalidades que a veces son excrecencias de sí misma y otras paradigmas de lo mejor de nosotros, pero que tanto los buenos como los malos poseen la capacidad de interpretar las utopías de sus semejantes y sintetizar en su persona la voluntad que puedan albergar sus contemporáneos.

Solo así se pueden entender acontecimientos históricos que contradicen el sentido común (el holocausto judío, el apartheid racista y los gulag soviético y castrista, por mencionar unos pocos acontecimientos de esta época) pues a pesar de su alta criminalidad e inhumanidad, logran la participación cómplice de masas enfebrecidas que con su conducta podrían avergonzar a las hordas más primitivas.

Solo creyendo en esa capacidad de la historia de crear antihéroes para hacernos recordar nuestros pies de barro, es posible aceptar racionalmente el poder que disfrutaron, con apoyo popular, Adolfo Hitler, José Stalin, Ayatolah Komeini y Fidel Castro, muestra fiel de los vestidos que es capaz de confeccionar y usar el hombre cuando las aberraciones le poseen.

Pedro Corzo
Miami. 1998

La importancia del Servicio Exterior en el Totalitarismo Castrista.

El proceso político que denominamos revolución cubana se extiende por casi medio siglo, si incluimos la etapa insurreccional de la misma.

Desde 1953, en Cuba y en cierta medida en América y el resto del mundo, se gestó un fenómeno histórico de extrema singularidad debido a que sus conductores, más que identificarse con una Teoría Política, como el fascismo o el nazismo, asumieron el poder como si fuese una religión que les garantizaba una existencia eterna.

Ese criterio fundamentalista del Gobierno se expresó de maneras a veces contradictorias, pero siempre con un alto de nivel de agresividad y hostilidad contra todo factor que pudiera afectar la conservación del Poder, porque es el Poder y la capacidad de ejercerlo sin limitaciones, lo que más caracteriza al Totalitarismo Cubano.

Las autoridades cubanas, para conservar el control, establecieron en la isla un estado policial, pero también asumieron el manejo de todos los mecanismos sociales, económicos y políticos que podían servir de incentivo o vector de un disenso que pudiera afectar al gobierno.

Hasta ahí la práctica habitual de todo régimen totalitario.

Sin embargo, el régimen totalitario cubano, a la vez que se parecía en el control interno a la mayoría de sus pares de la Europa Oriental o Asia, se diferenciaba de estos porque simultáneamente fue capaz de constituir un aparato de política exterior similar al de una potencia que aspiraba a ejercer influencias y recoger los frutos que de estas se derivaran.

Hay que recordar que en 1959, el gobierno cubano organizó y envió cuatro invasiones a igual número de naciones del área Centroamericana y del Caribe.

La cancillería cubana, en la opinión de muchos estudiosos, es una dependencia más de los servicios de inteligencia de la Isla, como lo es el Departamento América y sus similares.

A pesar de su incapacidad para crear riquezas y su extrema dependencia de la ayuda proveniente de la extinta Unión Soviética, el aparato del servicio exterior de Cuba, entiéndase servicios de inteligencia, propaganda, movimientos políticos y subversivos dependientes de La Habana, etc., fue productor de acontecimientos importantes, muchos de los cuales favorecieron al régimen cubano.

Por la naturaleza mesiánica del liderato de la Revolución, la política exterior de Cuba es tan importante como conservar el control interno del país.

A través de estas décadas, Cuba ha cumplido un rol muy importante en las relaciones internacionales, a extremos que trascendieron ampliamente sus posibilidades.

Cuba, por medio de la Cancillería o instituciones especializadas, a pesar de que se puede apreciar una disminución de su influencia en los últimos años, continúa participando en cualquier foro importante o de relativa categoría. El régimen está presente en todos los organismos internacionales, y muchos de sus mejores funcionarios se dedican al servicio exterior y cumplen su tarea con eficiencia y dedicación.

Cuba continúa ofreciéndose para ser sede de cualquier evento internacional y no cesa de invitar desde personalidades a simples estudiantes a visitar la isla y ver los llamados logros de la revolución.

Como si todo esto fuese poco, La Habana resucitó desde 1997 la casi extinta OSPAAAL, organización de Solidaridad de Asia, África y América Latina. Su secretario general, el doctor Ramón Pérez Ferro, es también director del Departamento de Relaciones Internacionales de la Asamblea Nacional del Poder Popular de Cuba.

Este aparato abiertamente subversivo fue el que coordinó la mayor parte de las actividades de los años 60 y 70 del gobierno cubano en este continente, y en otros lugares del mundo.

Esta reunión contó con la participación de delegados de partidos, movimientos y organizaciones revolucionarias de 82 países, que aprobaron una Declaración Final y numerosas resoluciones sobre los temas abordados, y allí surgió la siguiente declaración de la OSPAAAL.

"Hoy, 35 años después, no son secretos para nadie los cambios que están ocurriendo en el mundo, donde Estados Unidos pretende hegemonizar la economía, la política, imponer su doctrina militar y privar hasta de la identidad nacional a nuestros países.

En estas circunstancias, la OSPAAAL continúa la lucha tercermundista que le fue asignada, de acuerdo con la situación actual caracterizada por la globalización neoliberal.

Entre sus objetivos principales figuran: Coadyuvar a la unidad de las fuerzas revolucionarias, progresistas y democráticas del Sur en torno a plataformas comunes que viabilicen la ruta hacia la implementación de modelos alternativos al capitalismo, de carácter popular. Fortalecer la solidaridad con los pueblos del Tercer Mundo en su lucha contra la globalización neoliberal, en defensa de su derecho al desarrollo, ecológicamente sostenible, con justicia social, y en sus aspiraciones de fomentar relaciones de cooperación con otros pueblos, sobre la base de la plena igualdad soberana y el reconocimiento a su independencia, la libre determinación la integridad territorial y el principio de no intervención.

Condenar todas las modalidades de agresiones, injerencias y presencia militar del imperialismo contra cualquier pueblo de África, Asia y América Latina.

Contribuir a la auténtica integración y solidaridad entre nuestros pueblos, que nos permita enfrentar, con la fuerza que nos aporta la necesaria unidad, los embates de la transnacionalización de la economía, bajo la hegemonía imperialista, la crisis económico mundial y las onerosas exigencias de los organismos financieros internacionales.

Continuar divulgando temáticas de interés global, en las cuales la OSPAAAL tiene precedentes de trabajo, como la defensa de los derechos humanos, desarrollo social, medio ambiente, migraciones, derechos de la mujer, la niñez, la vejez y la lucha contra todo tipo de discriminación, entre otros, en defensa de las posiciones políticas más avanzadas, con un claro enfoque tercermundista, aunque en diferentes condiciones coyunturales, para la Ospaaal la lucha continúa, en un claro compromiso con un proceso de desestabilización de las democracias, pero aceptando que las fórmulas utilizadas en la década de los 60 y 70 no pueden ser aplicadas de nuevo".

En 1992, junto a movimientos subversivos y partidos de la llamada izquierda, en América Latina se fundó el llamado Foro de Sao Paulo. Por otra parte, las comparecencias del PCC en las Conferencias Permanentes de Partidos Políticos de América Latina y el Caribe son fundamentales para impulsar sus proyectos hegemónicos.

La asociación de Cuba con el proyecto bolivariano que impulsa el presidente Hugo Chávez en Venezuela, aunque no es de la misma naturaleza de la que sostuvo con la extinta Unión Soviética por varias décadas, favorece su política exterior a la vez que le privilegia económicamente con un acuerdo petrolero altamente generoso para la isla.

El presidente Hugo Chávez puede tener su propio discurso y propios proyectos, pero de momento actúa como reflejo y sombra de lo que se gesta en La Habana.

La política exterior de Venezuela se enmarca en estos momentos en los dictados cubanos, pero es de esperar que asuma un rol propio cuando el mandatario venezolano se considere lo suficientemente fuerte en ese campo.

En lo que respecta a América Latina, el liderazgo cubano le ha prestado a esta área una mayor atención después de la caída del Bloque Soviético.

El gobierno se ha acercado a sus pares latinoamericanos, se ha preocupado por ampliar las relaciones y también ha mostrado un importante interés en integrar los organismos regionales característicos de este hemisferio, "SELA; ALADI y ASEC, entre otros, incluyendo el CARICOM.

La readquirida importancia de América Latina en el marco de la política exterior de La Habana, se puede apreciar en la reforma de 1992 a la constitución socialista de 1976, cuando el expreso compromiso con los países socialista, fue sustituido por uno similar con América Latina. Se colige fácilmente que una política exterior activa continúa siendo mandatorio estructuralmente para el castrismo.

La región del Caribe ha merecido una atención particular, porque aparentemente Cuba quiere privilegiar su zona natural de influencias.

No obstante, los líderes de la revolución no han repudiado a sus viejos aliados, ni han sido remisos en crear nuevas alianzas políticas con grupos opositores, y la muestra se expresa con el ya mencionado Foro de Sao Paulo y la Conferencia de los Partidos de América Latina y el Caribe.

El proyecto cubano sin dudas está enfrentando un proceso de agotamiento por sus múltiples fracasos hacia el interior y exterior, puede estar desgastándose y hasta mostrar en ocasiones conductas erráticas e incomprensibles que pueden facilitar la lectura de que se encuentra en un proceso terminal o en uno de reinvención para que todo siga igual, sin embargo lo que respecta a su política exterior, y en consecuencia su disposición de infligir daños a sus enemigos y adversarios, se prolonga con el mismo nivel de agresividad e inventiva, aunque los resultados no sean los mismos del pasado

La agresividad del gobierno de la isla en sus 42 años de política exterior, ha sido su mejor carta de triunfo.

El gobierno cubano para sobrevivir necesita de un "enemigo", porque se retroalimenta con las acciones de estos, ya que le posibilitan tener en una especie de estado de sitio permanente a los fieles y a los aliados.

El gobierno cubano acostumbra a atacar y después, si lo demandan las circunstancias, se repliega sin explicar una u otra conducta.

Su inventiva para crear conflictos o hacer nuevos aliados es paralela a su falta de escrúpulos en el momento de atacar. Su capacidad para subvertir por la violencia se evidenció en América durante varias décadas y su voluntad para subvertir usando todos los recursos desestabilizadores que puede generar la lucha cívica, sin excluir la violencia, siguen vigentes.

El gobierno cubano aparentemente pretende reciclar activistas del pasado, organizaciones del pasado, y alianzas del pasado con los nuevos elementos contestarios que constantemente genera cualquier sociedad.

Su inspiración o la de sus aliados no cesan. En los nuevos proyectos para extender su influencia, encontró el necesario enemigo en la "Globalización", sin descuidar el rival de siempre: Estados Unidos.

Muchas de las fuerzas sociales y políticas que se oponen a la globalización no tienen una aproximación real con el régimen cubano o sus similares. Sin embargo, ese fenómeno social, político y económico que revoluciona todas las concepciones que le precedieron, afecta esos proyectos, por lo que ciertos grupos de opinión, organizaciones políticas o de otro carácter, se organizan para impedir la Globalización, o por lo menos detenerla.

El liderazgo cubano es el primer interesado en el hemisferio en mantenerse en el poder y conservar en base a esa realidad su capacidad de desestabilización.

En consecuencia, utiliza todos los recursos en sus campañas contra la globalización porque, entre otros factores, es un proceso que promueve las libertades económicas, el libre comercio y una mayor transparencia en los compromisos de los gobiernos.

El castrismo podrá encontrar en el futuro otros aliados, si Hugo Chávez se consolida en Venezuela puede ser uno de ellos, pero no hay en el presente en el contexto latinoamericano, otros gobiernos con sus recursos orientados a la política exterior como lo hace Cuba.

Las manifestaciones de protestas en Seatle, durante la reunión de la Organización Mundial del Comercio, y las posteriores en Quebec, Canadá, durante la reunión de la Asociación de Libre Comercio de las Américas, de la cual Cuba fue excluida, son típicas de la política exterior desestabilizadora del régimen de La Habana.

Este año tuvo lugar en la capital cubana un encuentro de varias de las organizaciones que participaron en las Protestas en Quebec, y para el próximo 24 de julio, está programada en Caracas, Venezuela, un encuentro de mayor envergadura.

En noviembre, en México, se reunirá la Conferencia Permanente de los Partidos Políticos de América Latina y el Caribe. El único tema de la agenda es la globalización.

El reciente viaje de Fidel Castro por países que tienen una abierta conducta contraria a los valores de occidente y que en particular son hostiles a Estados Unidos, puede significar la procura de un apoyo militante, o al menos obtener el compromiso de un silencio cómplice de esos países, ante una eventual política de desestabilización.

Hay que tener presente que el presidente de Venezuela, Hugo Chávez, está cumpliendo un periplo casi igual al del gobernante cubano y que los discursos de ambos se caracterizan por denunciar: la unipolaridad y la globalización, entre otros procesos que consideran contrarios a sus intereses.

Para testimoniar la todavía muy activa política exterior del gobierno de La Habana, presentamos una información extraída del diario Granma y que corresponde al mes de abril de este año.

Funcionarios cubanos visitaron los siguientes países: Yugoslavia, Sudán, Irán, Inglaterra, Líbano, Siria, Camerún, Laos, Ecuador, Venezuela, Italia, Japón, Malasia, Vietnam, China, Nicaragua, Paraguay, Grecia, República Árabe Saharaui, República Dominicana, Argelia y varios países más.

Personalidades como Ricardo Alarcón, Vilma Espín, Armando Hart y José Ramón Balaguer, junto al canciller, Felipe Pérez Roque y sus vicecancilleres, realizaron los viajes mencionados.

Es válido tener presente que Cuba cumple la llamada "Política de los Doctores". Tiene miles de profesionales de la salud en unos 15 países. También tiene cientos de entrenadores deportivos sirviendo en el extranjero. Muchos de estos profesionales solo cumplen con su trabajo y algunos han desertado, pero un número importante presta servicios de información y desestabilización, como se ha denunciado en Venezuela.

Cuba será la sede de la próxima reunión de ministros de Educación de América Latina y el Caribe y se está preparando para enviar a Argelia 300 jóvenes para que participen en el Décimo Quinto Festival Mundial de la Juventud y los Estudiantes.

La isla se incorporó recientemente al Foro América Latina-Asia del Este, una organización que posiblemente no tiene gran relevancia pero a la que el régimen de la isla decide pertenecer porque puede ser otro escenario para sus operaciones.

Sin embargo, el gobierno de Cuba ha sufrido grandes reveses en su política extranjera:

Fue una vez más condenada en la Comisión de Derechos Humanos de Naciones Unidas.

Después del voto en las Naciones Unidas en Ginebra, Cuba provocó una seria crisis con España, Argentina, Uruguay, Guatemala, Panamá y Costa Rica y por primera vez un canciller, Felipe Pérez Roque, se atreve a atacar a su homólogo mexicano, país tradicionalmente aliado del gobierno

Otro tradicional aliado del régimen cubano, el gobierno de Canadá, ha criticado fuertemente al gobierno de La Habana.

Paradójicamente, con su reiterada conducta el régimen cubano está arriesgando los logros políticos y diplomáticos obtenidos en América Latina en los últimos 20 años, particularmente durante la gestión de Ricardo Alarcón y el breve período de canciller de Roberto Robaina. Es importante destacar que los dos últimos cancilleres del régimen salieron del círculo más próximo a Fidel Castro.

Cuba fue el único país de América que no estuvo presente en la Conferencia sobre la Asociación de Libre Comercio de Las Américas.

La próxima reunión de la Organización de Estados Americanos considera una clausula condenatoria para los gobiernos que no estén fundamentados en la democracia, y es una seria interrogante el papel que pueda cumplir Cuba en la próxima Conferencia Cumbre de los Países Iberoamericanos a celebrarse en Perú.

Posiblemente ningún país de América, a excepción de Estados Unidos, tiene una política exterior más activa y con propósitos tan bien definidos como la que práctica Cuba, aunque repito, no se aproxima a la que cumplía en el pasado cuando disfrutaba del dinero soviético y el liderazgo que esta le aportaba, tampoco incurría en errores como el de la pasada Cumbre Iberoamericana en Panamá, donde quedó completamente aislado por su posición de no condenar el terrorismo de ETA.

Lo antes expuesto, y más información que podríamos suministrar, refleja que el totalitarismo cubano no ha renegado de su vocación imperialista y que su liderazgo, a pesar de estar bastante disminuido, se considera elegido para una transformación absoluta del mundo a la imagen y semejanza de lo que ha implantado en la isla.

El Castrismo, podrá estar agotado, pero su agresividad y hostilidad se estarán manifestando hasta el último minuto de su existencia dentro y fuera de la isla.

Miami, 1999

Los cubanos entre la hegemonía
y la independencia.

Este ensayo no pretende dictar cátedra sobre ningún aspecto de la Historia de Cuba ni afirmar como verdades lo que son reflexiones sobre situaciones muy complejas en las que han incididos números factores que se han influenciado mutuamente.

Es un esfuerzo por entender en alguna medida algunos de los factores que han incidido en la tragedia que ha sufrido el pueblo cubano en las últimas cuatro décadas.

El trabajo se fundamenta en hechos concretos. Es una reflexión interior, un cuestionamiento sobre decisiones de personalidades de la historia de Cuba que, a pesar de sus probables buenas intenciones, no asumieron su responsabilidad en situaciones determinantes o callaron ante la vileza de los otros.

La historia de la Cuba republicana se caracterizó por la inestabilidad y las ambiciones de poder de grupos políticos que las más de las veces respondían a proyectos muy propios, y no a planes que tuviesen al país en su primera prioridad, aunque es justo afirmar que Cuba no era una excepción en el hemisferio.

Los países del continente durante toda su vida republicana han sufrido severas convulsiones de carácter social y político, y la mayor de las Antillas era una más entre sus iguales.

El país, al igual que el resto de América, proyectó mucho de su hacer alrededor de figuras notables que en muchas ocasiones eran caudillos que confundían sus agendas personales con las nacionales, como fueron los casos, entre otros, de José Miguel Gómez, Mario García Menocal, Fulgencio Batista y varios más.

Es justo recordar que en Cuba no faltaron líderes íntegros que situaron la nación como el primer objetivo de su existencia, pero por diversos motivos muchos de estos individuos no llegaron a ocupar lugares prominentes, o simplemente cambiaron sus expectativas en cuanto llegaron a situarse en posiciones en las que podían influir de manera terminante en la vida nacional.

Es también evidente que factores ajenos al ser y quehacer del pueblo cubano influyeron en el curso de la historia del país, elementos perturbadores que afectaron seriamente al ciudadano y la sociedad.

Uno de estos elementos fue el hecho que en la firma del Tratado de París, acuerdo que dio por concluida la Guerra de Independencia de Cuba, los isleños no tuvieron participación alguna, ignorando la metrópoli colonial y la nueva república imperial, Estados Unidos, los derechos y prerrogativas que le correspondían a los cubanos.

Los factores que derivaron del desconocimiento de los cubanos y su gesta, la discriminación y abuso de poder por parte de Estado Unidos y la soberbia de España, incidieron negativamente en la autoestima de los nacionales que, a pesar de los sacrificios y esfuerzos desplegados durante casi 30 años de luchas militares y políticas, no pudieron participar protagónicamente en los acontecimientos que dieron nacimiento a la república.

Otro factor negativo en términos de nación para los cubanos fue la ocupación por parte de Estados Unidos de la isla por un término de dos años y medio.

La autoridad interventora en la persona del general John R. Brooke dividió a la isla políticamente, constituyó un gobierno civil que desplazó la Asamblea de Representantes del Ejército Libertador, demostrando que el gobierno de Estados Unidos tenía sus propios planes para Cuba.

De la administración del gobernador Brooke, dice el historiógrafo José Duarte Oropesa: *"Los finales del año 1899 contemplaron un gran adelanto de la obra administrativa de Brooke, algo que la Intervención dejó como saldo positivo. Pero también los cubanos no percibían el fin de esta, tal como les había sido prometido por Quesada y Lanuza, sino por el contrario veían asombrados el incremento de una campaña pro anexionista y de otra en pro de la indefinida extensión del Protectorado".*

En lo que respecta el mandato de Leonard Wood, segundo gobernador norteamericano durante la ocupación, nombrado por el presidente William McKinley, comenta el historiador, Herminio Portell Vilá en su obra Historia de Cuba y sus Relaciones con los Estados Unidos y España: *"Mientras Wood jugaba a la dictadura personal y ponía en el juego sus pasiones, sus preferencias y sus instintos, su ejemplo ejercía los más desmoralizadores efectos sobre el futuro político de Cuba, porque tanto a los pro españoles, a los pronorteamericanos y a los indiferentes, que estaban al lado de la autoridad en ejercicio, como a los partidarios de la independencia a quienes los Estados Unidos habían demostrado su preparación y determinación de controlar los destinos de Cuba, el despotismo ilustrado de Wood y la infalibilidad y los caprichos de este gobernador omnipotente y omnisapiente abrían horizontes insospechados respecto a las arbitrariedades que eran posibles cometer impunemente en la administración pública mientras se conservase el orden y se tuviese la confianza del gobierno de Washington. El ideal de todo político cubano desprovisto de escrúpulos, llegó a ser el ejercicio del despotismo benévolo del tipo Wood, en el que el país obedeciese sin chistar a cambio de una elemental satisfacción de sus necesidades materiales por parte del gobierno".*

El 20 de Mayo de 1902, Cuba accedió a la independencia, pero no a la soberanía, la república estaba limitada por un apéndice constitucional[13] que hacia pender sobre ella la acción interventora de Estados Unidos a discreción de su gobierno.

No se debe negar que la presencia norteamericana fue favorable en asuntos como la sanidad pública y la educación, y también en la constitución de instituciones jurídicas que eran necesarias al país. Se reformó la burocracia y se introdujeron en otros campos reformas o cambios que eran demandados por la sociedad, pero también es evidente que en lo que respecta al des-

---

[13] Enmienda Platt. Ley del Congreso de Estados Unidos que limitaba la soberanía de Cuba.

arrollo como pueblo independiente, la ocupación lastró negativamente la nación.

Y si a esto se suma la ya mencionada Enmienda Platt, se puede estar seguro que muchos cubanos de la época sufrían un alto nivel de frustración al apreciar que el esfuerzo y sacrificio de los insurrectos contra España había sido prácticamente inútil.

Durante lo que podemos identificar como la Primera República, 1902 a 1933, los Estados Unidos hicieron demostraciones de poder en más de una ocasión con las intenciones de proteger o incrementar sus intereses en la isla.

Las demostraciones de fuerzas y/o las presiones diplomáticas de parte de Washington se hicieron presente durante casi todos los gobiernos republicanos, pero un factor alarmante en algunos de estos casos, fue que varios de los líderes isleños propiciaron las injerencias norteamericanas en la creencia de que el aliado favorecería los intereses de su facción.

Estos personajes no buscaban en el gobierno del Potomac un justo mediador, sino al poderoso que podía favorecerles en sus propósitos facciosos.

Líderes políticos de la oposición y el gobierno, fueron los promotores de la primera intervención de Estados Unidos en la Cuba republicana.

Varios libros recogen tristes episodios en el que destacados insulares estuvieron a favor de una intervención estadounidense, incluido el primer presidente de Cuba, Tomás Estrada Palma, un patricio que había dedicado toda su existencia a luchar por la independencia.

Su gobierno concluía en 1906, pero las intenciones reeleccionista y las ambiciones de ciertos sectores de la oposición, crearon las condiciones de inestabilidad política requeridas por la Enmienda Platt para intervenir.

Estados Unidos envió una Comisión Mediadora para evitar una guerra civil en la isla, al fracasar la comisión, decretó la intervención el 29 de septiembre de 1906, situación que se extendió hasta enero de 1909.

El primer gobernador de la segunda intervención fue William

Howard Taft, quien fue sustituido por Charles Edward Magoon. Sobre Magoon, dice Duarte Oropesa en su Historiografía de Cuba... *"Ni siquiera puede decirse que los despilfarros de la Administración Magoon ayudaron a los Estados Unidos a crear amistades cubanas, pues, por el contrario, lo que generaron fueron rencores y malos ejemplos. Leonard Wood fue malo pero Magoon fue pésimo. Wood se asemejaba a un procónsul romano, pero Magoon era la imagen de un gauletier nazi".*

Por otra parte, la política de mediación de Estados Unidos, que tenía sus propios intereses, que no eran precisamente altruistas, acogía con beneplácito el interés de los sectores cubanos que estaban a favor de las intervenciones.

Washington no se caracterizaba por un arbitraje justo entre las partes en conflictos, sino en favorecer la facción que de alguna manera protegía e impulsaba los intereses económicos y políticos propios.

La injerencia estadounidense en la política cubana no cesó con la partida del interventor Magoon.

Los norteamericanos continuaron influyendo descaradamente en la política hasta la caída del general Gerardo Machado y Morales, en muchas ocasiones, ya apuntado, por solicitud abiertas o encubiertas de líderes políticos de la isla.

En 1912, durante la llamada Guerra de las Razas, unidades del ejército de Estados Unidos intervinieron en Cuba. Esta segunda intervención fue violatoria de la propia Enmienda Platt y se produjo a pesar de las protestas del presidente, general José Miguel Gómez.

De nuevo en 1917, durante la llamada Revolución de la Chambelona, tanto los insurrectos encabezados por el ex presidente José Miguel Gómez como el gobierno que presidía el también general de la Independencia, Mario García Menocal, propiciaron la tercera Intervención de Estados Unidos con el propósito de que Washington favoreciera a su facción.

Tal vez en lo que respecta a influencias negativas, la más nociva de las intervenciones de Estados Unidos, aunque oficialmente en esta ocasión se llamó Mediación, fue la que se produjo en los meses finales de 1933, durante la cruenta dictadura de Gerardo Machado y Morales, otro general de la guerra de independencia que devino en dictador, después de haber sido electo por el voto popular en el año 1925.

Durante el segundo gobierno del general Machado, se fortalecieron los sentimientos nacionalistas y también se pudo apreciar el desarrollo de un movimiento estudiantil que trascendía las características de ese tipo de organización.

El estudiantado cubano asumió un papel protagónico en la lucha política, sin precedentes en Cuba o en cualquier otro país de América Latina.

El proceso político contra el régimen de Machado, que en cierta medida se repetiría contra las dictaduras del general Fulgencio Batista y Fidel Castro, generó un movimiento opositor urbano y rural que recurría a la violencia como única alternativa de cambio.

Por otra parte, en la medida que la inestabilidad provocada por la subversión se incrementaba, el régimen de Machado, que había disfrutado del apoyo y simpatías de Washington, empezó a convertirse en un aliado no deseado.

El año de 1933 la violencia irrumpió con toda su crueldad y la represión del gobierno se manifestó en toda su brutalidad.

En el mes de marzo de ese año, el presidente de Estados Unidos, Franklin Delano Roosevelt, designó a Summer Welles, a la sazón subsecretario de Estado, embajador y su enviado especial en Cuba, iniciándose la ya referida Mediación.

De inmediato un sector de la oposición se sumó a las gestiones del mediador, llegando a recomendar un comité que se autoproclamara representante de esa oposición.

El general Machado, cuando se percató que su régimen estaba amenazado, rechazó la injerencia del embajador Welles.

Los hechos del 12 de agosto de 1933, caída de Machado y los posteriores del 4 de septiembre de ese propio año, un reclamo de reivindicaciones de clase de los militares que devendría en un pronunciamiento cívico militar con la participación de los estudiantes y sectores políticos, creó las condiciones para la gestación de nuevos líderes, entre los cuales se destacarían Fulgencio Batista y Zaldívar y Ramón Grau San Martín.

Los sucesos del 4 de septiembre fueron el detonante de un fenómeno sin precedentes en América. El movimiento estudiantil junto a soldados y sargentos impuso un régimen de corte revolucionario que quebró por completo las estructuras políticas y militares de la república, incluida las fuerzas armadas.

El gobierno del doctor Ramón Grau San Martin, que duró poco más de cuatro meses, se caracterizó por un fuerte nacionalismo que afectó intereses norteamericanos por pretender aplicar una política justa y equilibrada en términos económicos y de independencia nacional.

El gobierno de Grau nunca reconoció la Enmienda Platt y, por lo tanto, le negó capacidad legal a los Estados Unidos para intervenir en los conflictos internos del país.

Del primer gobierno de Ramón Grau San Martín dice Ramón Eduardo Ruiz en su libro, "Cuba, Génesis de una Revolución". *"Grau se apoderó de la presidencia con la ayuda de los estudiantes; una vez estuvo en funciones, sin embargo, ellos abrumaron su administración y complicaron la tarea del gobierno, resultando que el idealismo y entusiasmo de ellos, no era suficiente para sustituir a la experiencia".*

La inestabilidad generada por el gobierno revolucionario, la fuerte hostilidad en los círculos de la oposición, los errores del nuevo régimen y en medida notable el hecho de que el gobierno de Grau San Martín nunca fuera reconocido por Estados Unidos, fueron los factores que determinaron la caída del régimen inaugurado el 4 de septiembre de 1933.

A Grau le sucedieron varios gobiernos en los que la influencia de Estados Unidos era relevante, a la vez que el entonces coronel Fulgencio Batista iba asumiendo un mayor control del país, hasta que se convirtió en el verdadero poder.

Batista, en 1940, por medio de elecciones, asumió constitucionalmente la presidencia. Los gobiernos que le sucedieron fueron los de Ramón Grau San Martín y Carlos Prío Socarrás, quienes sostuvieron con Estados Unidos relaciones estrechas sin crisis que la afectaran.

El ex sargento, luego general y presidente, Fulgencio Batista, regresó al poder en 1952 por medio de un golpe militar. Las relaciones con Estados Unidos fueron excelentes, hasta que Washington decidió retirarle su confianza. Primero al suspender la venta de armas a su gobierno y posteriormente con presiones diplomáticas.

La llegada de Fidel Castro al poder cambió radicalmente las relaciones entre Estados Unidos y Cuba.

Los gobiernos que le habían precedido procuraron las mejores relaciones con Estados Unidos, y Castro, consciente que sus planes de perpetuarse en el mando y de establecer un régimen totalitario era incompatible con la política de Washington, tomó decisiones que a la vez que incrementaban su poderío, obligaba a la Casa Blanca a medidas de contención que incentivaban el nacionalismo y generaban simpatías a favor del gobierno castrista en el continente.

Castro no rompió con Washington para reafirmar la independencia nacional, sino porque al vincularse a la URSS, en plena Guerra Fría, garantizaba el respaldo absoluto de una gran potencia rival de su archienemigo, Estados Unidos.

Fidel Castro invirtió la histórica fórmula de los políticos cubanos que buscaban en la Casa Blanca apoyo para dirimir sus querellas internas.

Puso a Cuba al servicio del Kremlin porque estaba consciente que el PCUS apoyaría sin reparos todas sus actuaciones en política doméstica, a la vez que contaba con una relativa impunidad para sus tropelías internacionales, por la sombrilla nuclear soviética que le garantizaba protección.

Cuba recibió miles de millones de dólares de Moscú. Fue base nuclear y de submarinos de la URSS. Miles de militares soviéticos acamparon en la isla. Participaron en la guerra civil que azotó al país en la década de los 60 y 70, y previa solicitud del gobierno de La Habana, la policía política de la isla fue entrenada, asesorada y avituallada, para ser más eficientes, en las acciones represivas contra la población, incluido el desplazamiento forzoso de campesinos.

Por su parte, la oposición a la dictadura totalitaria también se procuró aliados desde el mismo año 1959, siendo los Estados Unidos el asociado natural.

Washington proveyó a la oposición de recursos económicos y bélicos. También le favoreció en ciertas instancias internacionales. La mayor asistencia tuvo lugar en la creación y expedición de la Brigada 2506, pero en ningún momento la colaboración estadounidense tuvo la importancia material y moral que la soviética a la dictadura de los Castro.

Regresando a la dependencia del castrismo es conveniente destacar que la Constitución Nacional, en su preámbulo, presentaba una invocación a la URSS, y que los militares cubanos juraban lealtad al Kremlin. Miles de cubanos murieron en otros continentes sirviendo a los Castro y al comunismo internacional.

Cuba estuvo intervenida 30 años por la URSS. La administración pública se constituyó en base al modelo soviético, las fuerzas armadas tomaron igual estructura. Bases militares soviéticas, con miles de efectivos, se hicieron presentes en la isla, el perjuicio a la soberanía nacional que produjo la Enmienda Platt fue irrelevante para la masiva entrega del castrismo al Kremlin.

La asistencia de la URSS significó para Cuba una dependencia similar al de una colonia de su metrópoli. El control que ejercía el Kremlin en todas las actividades de la vida cubana no tiene paralelos, aun considerando las grandes diferencias culturales de ambos pueblos

Sin embargo, es justo que reflejemos que la contradicción no siempre apreciada en los cubanos de abrigar una fuerte propensión hegemónica junto a una afición a la dependencia, se mostró durante el intervencionismo castrista con clara precisión.

La sumisa asociación de La Habana con Moscú sirvió al régimen de la isla para adquirir una clientela política propia, desarrollar un proyecto hegemónico que, aunque dependiente del soviético, pretendía tener sus propios perfiles, situación que se aprecia en particular en las llamadas Guerras Africanas y en la sobrevivencia del castrismo a la caída de la URSS.

Es indiscutible que estas mediaciones e intervenciones, primero de Estados Unidos y la Unión Soviética después, han creado en ciertos sectores políticos cubanos un sentimiento de dependencia de factores extranjeros que consideran podrían auxiliarle en sus proyectos.

Para este sector el apoyo externo posibilitaba y posibilita, según el caso, catapultarse en la lucha por el poder o en la conservación del mismo, ya que perciben que el apoyo de un aliado poderoso facilita su capacidad de programar y ejecutar los planes.

Por otra parte, hay quienes creen posible la conjugación de intereses foráneos, con los nacionales y personales.

También es válido destacar que la inclinación a la dependencia de parte de muchos políticos cubanos trasciende el sometimiento.

Esto se puede apreciar, repetimos, tanto en Castro como en muchos de los que se le oponen, porque su intención es usar de instrumento al aliado, aunque para el mundo exterior este parezca el amo.

Tal vez uno de los motivos por el que las frecuentes crisis políticas cubanas tengan una fuerte tendencia a la internacionalización, es esta inclinación del liderazgo isleño por la hegemonía-dependencia.

Hay una evidente histórica proyección imperial de muchos políticos cubanos, lo que está lastrado por el limitado peso específico en el escenario mundial del país del cual operan.

Valencia. Venezuela
Agosto 1999

ÉXITOS Y FRACASOS DEL EXILIO CUBANO. DE SUS ESTRATEGIAS

La dedicación y sacrificio de la que ha hecho gala el exilio cubano por más de 40 años no se corresponde con los éxitos políticos logrados.

El patriotismo y entrega de un número considerable de personas en circunstancias hostiles y difíciles, tal vez algún día será debidamente valorado por los que se dediquen a estudiar la oposición política al castrismo fuera de Cuba

Es difícil encontrar en la historia contemporánea un núcleo tan numeroso de individuos que por décadas haya sido capaz de luchar con tanto denuedo por su utopía.

Personas que asumieron sus compromisos como si se tratase de una labor religiosa, a pesar que muchas de ellas en el extranjero habían logrados por propios esfuerzos, condiciones de vida muchos mejores que las que habían disfrutado en su propio país.

Sin embargo, a pesar de esas voluntades, el éxito no ha coronado los esfuerzos y es porque junto a las indiscutibles habilidades del enemigo, han estado los aliados indecisos, coyunturas internacionales adversas y por nuestra parte, una seria falta de creatividad e inventiva política que ha lastrado negativamente nuestros ingentes esfuerzos.

El mimetismo, la reproducción de estrategias usadas en procesos políticos anteriores, incluyendo los de la insurrección contra Fulgencio Batista, se usaron en circunstancias políticas nacionales e internacionales totalmente diferentes.

Se pasó por alto que se enfrentaba una dictadura que se fundamentaba en una ideología de carácter totalitario, y que por ese motivo no solo controlaría el poder político y económico, sino que desconstruiría la sociedad civil para instaurar una nueva estructura social basada en la difusión de dosis científicas de terror capaces de atemorizar a todos sin llegar a un punto de saturación crítico que provocase una revuelta popular.

Un poder hábil en el manejo de las frustraciones y resentimientos de la ciudadanía, asociada a una venta a futuro de un paraíso a conquistar con los sacrificios del presente.

A ese cóctel tan especial, que ni los políticos cubanos más notables estaban preparados para enfrentar, hay que agregar las condiciones internacionales en que se desarrollaron los acontecimientos, la ductilidad y tenacidad del grupo conductor de la dictadura en lo que respecta a la conservación del poder y el asentamiento del mayor grupo de exiliados, en una sociedad democrática, próspera y poseedora de una inmensa capacidad para absorber y reconducir voluntades forasteras.

El exilio cubano no se puede mirar como un todo. Hay que admitir en principio las diferencias de los compromisos históricos de quienes lo integran, el período de incorporación a las actividades conspirativas, incluido el destierro, y por supuesto, los orígenes económicos, políticos y sociales de uno y del conjunto.

El destierro, para una mejor comprensión, debería ser estudiado por etapas y aunque cada una de ella tiene elementos diferenciadores, se evidencia la continuidad.

Pudiéramos calificar como Primera Etapa el período que se extiende de 1959 a 1980.

Este periodo de fuertes confrontaciones se caracterizó por un liderazgo que creía en la violencia como elemento de redención.

La lucha armada era la estrategia básica y se consideraba que era posible a través de la incursión armada, con apoyo interno, producir el cambio en Cuba.

Es importante considerar que la mayoría de los individuos que asumieron el liderato del exilio habían jugado un rol en la vida política nacional antes y después del triunfo revolucionario y que la mayoría eran parte de la generación que precedió a la que asumió el poder el primero de enero.

En este período también se desarrolló la llamada estrategia de la "Guerra por los Caminos del Mundo". Se realizaron acciones violentas en Cuba y en el extranjero contra intereses o personeros del régimen de los Castro.

También fue la etapa en que mayor número de cubanos participaron vinculados directa o indirectamente a Estados Unidos, en la lucha contra la subversión comunista en América Latina, África, Asia y otros lugares.

En esta etapa la influencia del gobierno de Estados Unidos y sus agencias en los grupos insurreccionales cubanos radicados en el país, fue más que notable, lo que lastró la capacidad operativa de estos, por la dependencia que sufrían.

Fue una etapa en la que también la violencia hizo acto de presencia entre los exiliados. Se produjeron serios enfrentamientos entre distintas tendencias e igualmente contra elementos que defendían una aproximación con el régimen de La Habana.

Es prudente destacar que a finales de esta etapa tuvieron lugar firmes aproximaciones entre grupos de cubanos radicados en el exterior y el gobierno de la Isla.

Se produjo el diálogo, cuya consecuencia más directa fue la visita de miles de cubanos a la Isla, hasta el momento estrictamente reguladas por la dictadura, y la salida de las prisiones cubanas de miles de prisioneros políticos, muchos de los cuales viajaron a diferentes países, particularmente a Estados Unidos y Venezuela.

El arribo de un número importante de luchadores por la libertad, hombres y mujeres de experiencias con compromisos definidos a favor de la democracia en Cuba, insuflaron en el exilio nuevos bríos e ideas.

A partir de 1980 y hasta 1994, se inició una Segunda Etapa en la que el liderazgo lo asumieron simultáneamente individuos que participaron en el proceso insurreccional contra Fulgencio Batista que sostenían la tesis de la confrontación como vía de solución, y personalidades que proponían una teoría nunca antes aplicada en este proceso, pero de la que se puede encontrar antecedentes que se remontan a nuestra Guerra de Independencia: el cabildeo.

Este periodo, no tan rico en gestas heróicas como el que le

precedió, cosechó grande éxitos, ya que por primera vez los políticos norteamericanos fueron influenciados por los intereses políticos de los cubanos, lográndose leyes que sin auspiciar el enfrentamiento directo entre Estados Unidos y Cuba, sí buscaban el cambio de gobierno en la Isla.

Se puede considerar que esta etapa se caracteriza por procurar remover el castrismo sin tener que recurrir a la violencia, aunque el uso de esta no estaba excluido por completo en la nueva propuesta.

En este ciclo, al igual que en el anterior, hay individuos y organizaciones que intentan desde diversas posiciones una solución negociada de las diferencias con el régimen de La Habana, lo que coincidía en cierta medida con el régimen de la Isla, ya que parte de su doctrina consistía en plantear que el diferendo cubano era con Estados Unidos y no con los ciudadanos de la Isla.

Es conveniente destacar también que tanto el final de lo que llamamos Primera Etapa, como en la Segunda, hubo éxodos masivos de cubanos que en su mayoría no estaban con el régimen, pero que, salvo excepciones, no estaban dispuestos a enfrentarlo.

El éxodo de El Mariel fue determinante en la conformación del exilio en los ochenta, al igual que la llamada crisis de los balseros en los noventas, ya que ambos éxodos generaron cambios importantes en el mundo exiliado, en sus relaciones con el poder político en Washington y en la renovación y fortalecimiento de los vínculos con los familiares que permanecían en la Isla, lo que incrementó el potencial de influencia del gobierno de La Habana entre los cubanos que residían en el exterior, haciendo más visible una diferencia siempre presentes, entre los ciudadanos que actuaban como exiliados y los que lo hacían y pensaban como inmigrantes.

En este ciclo irrumpen organismos de firmes compromisos humanitarios que hacían público también su compromiso de favorecer cambios políticos en Cuba.

Surgieron en el exterior tesis a favor de la "No Violencia y Desobediencia Civil", como nuevos instrumentos de lucha contra la dictadura. Esta fórmula se promovía tanto en Cuba como en el exterior.

Por otra parte, la vía de la negociación aumentó su perfil político e influencias, en detrimento de otras opciones.

Se cuestionó ampliamente la legitimidad de la lucha armada, a la par que se incrementaba la participación pública de críticos del exilio y defensores abiertos o solapados de la dictadura de la isla.

En el año 1994 se puede considerar que se inició la Tercera Etapa, un período muy difícil de encasillar, que no se caracterizó ni por el heroísmo ni por la audacia, sino por el laborar de ciertos sectores que favorecían un entendimiento con fracciones del gobierno de Cuba, en la confianza de que se produjera un proceso de transición lo menos traumático posible.

En estas gestiones se encontraban personas y entidades diferentes.

Estaban quienes favorecían un proceso de cambio lento y gradual que condujera a la democracia, pero también quienes solo buscaban su beneficio personal, por medio de establecer diferente negocios con la dictadura y aun a más largo plazo, alguno de estos querían tener en Cuba una especie de cabeza de playa por si tenían lugar cambios en la estructura económica, y quizás política, incrementar su participación y beneficios.

Paralelo al incremento en número e influencia de estos traficantes, se fortalecían las tesis de la "No Violencia y la Desobediencia Civil", y se afianzaban las relaciones entre sectores que al interior de Cuba actuaban contra la dictadura, y en el exterior funcionaban con el mismo objetivo.

La denuncia de lo que acontecía en Cuba como medio para concientizar sobre la realidad de la isla también aumentó. El aislamiento del régimen se profundizó y la influencia de este, sin que haya desaparecido, disminuyó.

En este ciclo hay una coincidencia con los primeros diez años de la primera etapa, y es que de nuevo empieza a cumplir un papel fundamental en la estrategia del exilio la oposición política dentro de la isla.

Esta etapa es también definida por la desaparición física o disminución de la actividad política por mandato biológico, de los más conocidos líderes de las primeras corrientes de exiliados. Individuos que sin duda habían dejado su impronta en el destierro o en Cuba.

Algunos de estos individuos podían presentar un record en que se podía apreciar el valor mezclado con la ofuscación, el talento ligado al oportunismo, y el idealismo junto al sectarismo, pero todos tenían en su aval experiencia, dedicación y patriotismo, lo que hasta el menos notable de esa generación de líderes, por su sacrificio y dedicación, son individuos a honrar sin beatificar.

Esta Tercera Etapa está signada también por el fortalecimiento de agrupaciones que están a favor de una avenencia con el régimen sin demandar cambios políticos, junto al ya mencionado aumento de las actividades económicas con el gobierno cubano.

Otro factor que se destacó en los primeros años de este período, aunque siempre estuvo presente en los anteriores, fue el clímax y decadencia de los comunicadores radiales, que cumplieron un papel importante en denunciar los crímenes de la dictadura y en convocar a protestas y acciones en su contra.

Hay que destacar la notable y beneficiosa influencia, en la mayoría de los casos, de algunos comunicadores de la Radio. Fueron un factor clave en los años más difíciles del exilio.

Algunos analistas podrían considerar que en este año 2000 se inicia la Cuarta Etapa del exilio cubano. Hay muchos nuevos factores que incurren en el panorama nacional cubano en el exterior, pero sería prudente esperar por los nuevos sucesos que sin duda se producirán.

Miami
Mayo 2000

APUNTES SOBRE UNA INSURRECCIÓN
CONTRA LA DESESPERANZA

El proceso democrático cubano fue interrumpido por un golpe militar encabezado por el general Fulgencio Batista y Zaldívar, que había irrumpido en la vida política nacional el 4 de septiembre de 1933.

El golpe que comandó el exsargento Batista[14] –presidente constitucional entre 1940 y 1944– no se produjo contra una dictadura militar o de partido, sino contra un gobierno electo que iba a ser renovado en muy poco tiempo en elecciones que, al parecer, iban a ser ganadas por la oposición.

La caída del gobierno democrático del doctor Carlos Prío Socarrás estimuló el siempre existente clima de inestabilidad y mesianismo que en la opinión de muchos observadores caracterizó la política nacional.

Este ambiente propició el surgimiento de nuevos liderazgos, muchos de los cuales interpretaron que las realidades de la época demandaban un nuevo proceso revolucionario que derrocara al gobierno y que estableciera las bases de reformas que mejoraran la situación de la ciudadanía.

Al concluir el proceso contra el gobierno del general Batista, surgió como único líder de la sociedad nacional Fidel Castro, quien logró por diferentes medios anular o controlar otras personalidades destacadas del país e imponer nuevas y desconocidas fórmulas de gobierno en la nación.

El proceso dirigido por Castro logró el apoyo de la inmensa

---

[13] El 10 de marzo de 1952, a pocas semanas de elecciones generales un grupo de militares y civiles dirigido por Batista destituyen al presidente Carlos Prio Socarrás..

mayoría de los sectores nacionales. El soporte no solo fue moral sin también material.

El país vivió una especie de renacer, las personas estaban ganadas por una nueva fe y se apreciaba una confianza que no tenía paralelo con ningún momento del pasado. Tanta fue la confianza que muchos de los más avezados críticos no se percataban de muchas irregularidades legales y éticas en que incurrían los nuevos conductores, hasta un tiempo después.

Una miopía colectiva impidió apreciar que desde los primeros meses se gestaron las fuerzas y organismos políticos y policiales que quebrarían la sociedad civil hasta casi su extinción como opción de renovación y cambio de la comunidad nacional.

Veamos algunas de esas decisiones:

A.- Lo primero que se aprecia es el alto respaldo popular que disfrutó el nuevo gobierno, la firmeza de este en aplicar decisiones políticas y económicas y en procurar desacreditar cualquier manifestación contraria al régimen.

B.- También la capacidad represiva e intimidatoria del gobierno se manifestó por nuevos cauces, al igual que la falta de piedad en aplicar decisiones judiciales.

C.- Otra condición que singularizó al gobierno fue una temprana y activa política exterior. Las pretensiones hegemónicas se manifestaron con agresiva continuidad.

D.- Por primera vez en la historia nacional, el individuo estaba obligado a tomar partido, la indiferencia era un crimen sancionable.

E.- El régimen trató de reafirmar el sentido de nación atacando los Estados Unidos y lo que esta nación significa.

También en el propio año 1959, el gobierno tomó medidas que dejaban avizorar el futuro cisma nacional.

A.- El doble juicio a los pilotos aviadores en Santiago de Cuba.

B.- El golpe de estado contra el presidente designado Manuel Urrutia Lleó.

C.-La protesta y encarcelamiento del comandante Huber Matos.

D.- Decisiones económicas y políticas sin precedentes en el país.

E.- El control ejercido por Fidel Castro sobre el movimiento obrero durante el Décimo Congreso de la CTC. Este congreso lo recoge la historia como el congreso de los melones[15].

F.- Primeras medidas para el control de la economía nacional y de los medios de comunicación.

Curiosamente, las decisiones del nuevo régimen obtuvieron durante un periodo de tiempo el apoyo de la mayor parte de la ciudadanía, sin embargo, un sector minoritario del país, que paulatinamente fue creciendo, empezó a enfrentar desde los primeros días, dentro de la Revolución y en el mismo Gobierno, algunas de las medidas gubernamentales y el autoritarismo fundamentalistas de los comandantes y sus acólitos.

La confianza de los más escépticos empezó a quebrarse cuando apreciaron la sistemática demonización del pasado. Se percataron que el disentimiento se convertía en diversionismo y el pensamiento libre y la crítica, pública o privada, en traición.

Poco a poco, esos escépticos, que aun apoyaban el proceso iniciado el primero de enero, se dieron cuenta que la obediencia al pensamiento oficial era mandatoria y que con su propia anuencia y hasta participación, se estaba instalando en el país unas formas políticas que no se correspondían con sus aspiraciones.

Las primeras acciones de rechazo por los elementos descontentos con el curso que tomaba el proceso, procuraban una simple rectificación de rumbo, entre ellas, el alejamiento de los elementos considerados comunistas.

Muchos compartían sinceramente la creencia de que Fidel Castro había sido honesto con aquella lapidaria expresión, "La revolución es tan verde como las palmas". Un encubrimiento más que sirvió a la dictadura en su propósito de ganar tiempo para fortalecerse.

Los primeros esfuerzos de los grupos opuestos a lo que su-

---

[15] Se le conoció como congreso de los "Melones" porque Fidel Castro intentó que el evento pareciera democrático, cuando en realidad las decisiones fueron tomadas por la cúpula en el poder.

cedía en país, se orientaron a la propaganda, a los contactos personales, pero estos cambiaron ante las vertiginosas transformaciones que producían las decisiones gubernamentales.

El proceso, como referimos anteriormente, generó rápidamente adversarios y no solo en las personas y grupos asociados al régimen depuesto.

Movimientos insurreccionales como el Segundo Frente Nacional del Escambray y el Directorio Revolucionario 13 de Marzo, fueron marginados del gobierno y disminuida su influencia en el desarrollo de los acontecimientos.

Dentro del propio Movimiento 26 de Julio, las personas que no eran incondicionales de Fidel Castro y la cúpula que le rodeaba, fueron apartadas según se fue presentando la oportunidad.

Cuenta Nilo Messer, una de las personas más cercanas al fundador del Movimiento de Recuperación Revolucionaria, Manuel Artime[16], uno de los aparatos más poderosos en la lucha contra el gobierno de Fidel Castro, que Artime, tan temprano como el 9 de enero de 1959, expresó a un amigo, el señor Jorge Lloró, su preocupación por la manera en que se estaba conduciendo el proceso recién estrenado.

Continúa Messer diciendo que en la ciudad de Sancti Spíritus, el 28 de enero de 1959, durante un acto por el aniversario del nacimiento de José Martí, se pudo apreciar la identificación política entre los individuos que luego fundarían el MRR.

Una persona que estuvo estrechamente vinculada al Movimiento 26 de Julio en la provincia de Las Villas, llegando a ocupar la posición de Coordinador Provincial de ese movimiento, fue el doctor Orlando Bosch Ávila.

Desde los primeros días del triunfo revolucionario y desde su alta posición, Bosch Ávila cuestionó la anarquía que reinaba en el país y particularmente los fusilamientos. El médico Bosch, que

---

[16] Manuel Artime. Oficial del Ejército Rebelde. Fundador de varias agrupaciones contrarias al comunismo y a la imposición de una nueva dictadura en la isla. Fundó el Movimiento de Recuperación Revolucionaria. Fue el jefe político de la Brigada Expedicionaria 2506. Posteriormente organizó en Centro América grupos de comandos para atacar intereses del gobierno cubano al interior.

había sido amigo de Fidel Castro desde los tiempos universitarios, donde lideró la Escuela de Medicina de la Universidad de La Habana y fue secretario general de la Federación Estudiantil Universitaria, FEU, entre 1948 y 1949, se entrevistó dos veces con el líder revolucionario haciéndole conocer sus preocupaciones y descontentos.

Bosch cuenta que Fidel Castro le aseguraba que no había problema alguno, que la revolución seguía su curso y que lo que estaba ocurriendo hasta el momento era natural en un proceso de esas características.

Según Bosch, en la última charla sostenida con Castro salió convencido de cual era el derrotero que iba a seguir la Revolución y en ese momento determinó cuales serían sus pasos en el futuro inmediato.

La primera acción de Bosch fue sacar la mayor cantidad de armas posibles del Cuartel del Regimiento Leoncio Vidal. Estas armas fueron las primeras que llegaron al Escambray[17] y sirvieron de base para los alzamientos iniciales.

Una organización que se había fundado en 1935 como brazo armado del Partido Auténtico, la Organización Autentica, OA, y que luchó contra los regímenes de Fulgencio Batista y que siempre adversó el liderazgo de Fidel Castro y al Movimiento 26 de Julio, se preparó para enfrentar el nuevo régimen.

Cuenta el ingeniero José Adam, que durante un desembarco de armas de la organización dirigido por Antonio de Varona y Miguel Echeverría, el 24 de diciembre de 1958, se presentaron serias diferencias con miembros del Movimiento 26 de Julio.

Según el ingeniero Adam, la Organización Auténtica siempre tuvo una clara conciencia de lo que le esperaba a Cuba por la personalidad de Castro y el sectarismo y manipulación de los acontecimientos de que hacía gala el Movimiento 26 de Julio.

Dice José Adam que fue por eso que a los pocos meses la OA se estaba constituyendo nuevamente como aparato clandestino y preparando alzamientos en las provincias de Camagüey, Las Vi-

---

[17] Región montañosa situada en la antigua provincia de Las Villas.

llas y Matanzas.

Varios grupos se organizaron en contra del proceso en el mismo año del triunfo revolucionario.

La mayoría de estos estaban integrados por individuos asociados, o con algún tipo de vínculo, con el régimen anterior.

El primer movimiento de oposición radical relativamente articulado y radicalmente opuesto a la Revolución se fundó el 28 de enero de 1959 en la ciudad de Nueva York, el movimiento tomaría como nombre La Rosa Blanca y lo dirigiría el doctor Rafael Díaz Balart.

Relata Díaz Balart que impulsó la constitución del Movimiento la Rosa Blanca porque conocía perfectamente a Fidel Castro, y no dudaba que por su carácter y condiciones morales en cuanto lograse consolidarse en el poder, destruiría la nación cubana.

Dice que el cambio de sistema en Cuba era predecible, pero que la forma de conducir la república desde los primeros días del nuevo régimen, permitía avizorar el desastre que se avecinaba. Según Díaz Balart, el movimiento se constituyó sin el apoyo de Fulgencio Batista, ya que el gobernante depuesto al parecer tenía sus propios planes.

En la creación de la Rosa Blanca en la ciudad de Nueva York, participaron junto a Díaz Balart, Pedro Peña Góngora, Georgi Fernández, Mero Sosa y el destacado médico cubano Domingo Gómez Jimeránez. El movimiento publicó un periódico de nombre "La Fraternidad" e hizo acto de presencia en Cuba a través de células que disfrutaban de relativa autonomía.

Como se refirió anteriormente, en los propios sectores revolucionarios contrarios a la situación previa a 1959, o aun sin actuación política pasada, se apreciaban pequeños focos de descontentos que empezaron a manifestarse de diferentes maneras y según lo permitían las restricciones a la expresión pública que imponía el régimen.

Las expresiones críticas y actuaciones contrarias fueron rápidamente sofocadas o anuladas con medidas represivas que no se correspondían por lo regular con la magnitud de los hechos.

Esta represión generó más descontento y la radicalización de individuos que por conocimiento previo de las características personales del conductor del proceso, Fidel Castro, o por la gran influencia que los comunistas o sus asociados ejercían sobre los líderes de la Revolución, consideraron que era necesario promover la constitución de organizaciones políticas que en muy poco tiempo enfrentaban al régimen con las armas.

Según pasó el tiempo, el régimen fue fortaleciendo su estructura policial y en consecuencia la capacidad represiva. También inició la compra de grandes cantidades de armas en el exterior, mejoramiento de ejército y en pocos meses se procuró el asesoramiento militar y policial de sus aliados del bloque soviético.

Muchos cubanos fueron apreciando que el proceso iba contra sus más profundas aspiraciones de libertad y bienestar, que el gobierno-estado-líder en procura de la unanimidad, se apoderaba de forma vertiginosa, no solo de los bienes, sino también de la capacidad de pensar y actuar del ciudadano.

Relata José "Pepe" Fernández Vera, quien había sido concejal en la ciudad de Trinidad, que las autoridades revolucionarias en su localidad siempre fueron represivas.

Según Fernández Vera, él fue detenido injustamente en marzo de 1959, con su hermano Filiberto, acusados de haber quemado un cañaveral. Poco después fue nuevamente arrestado por supuestamente haber quemado los cañaverales de la colonia "El Modelo", cercana a la ciudad de Trinidad.

Cuenta Fernández que ante tanto acoso y represión, él, que nunca había simpatizado con el proceso revolucionario y sí con el régimen de Fulgencio Batista, consideró que no le quedaba más alternativa que combatir al gobierno que no cesaba de reprimirle.

Su primer contacto activo lo tuvo con Roberto Martín Pérez[18], quien llegó clandestinamente del exterior hasta la ciudad de Tri-

---

[18] Roberto Martín Pérez, participó en la expedición de agosto de 1959 para derrocar la dictadura de los Castro. Permaneció en prisión por 28 años.

nidad, donde se reunió con Pedro López, Nilo Alsi, Pedro Garrido, Ciripio Hernández y varios trinitarios más. El propósito del viaje de Martín Pérez fue preparar las condiciones para un desembarco aéreo que se iba a producir en esa zona del sur de Cuba.

En el mes de agosto de 1959 tuvo lugar en la región trinitaria el esperado desembarco aéreo, una conspiración que se caracterizó por estar mayoritariamente integrada por individuos asociados al régimen depuesto que habían buscado el respaldo del dictador de Santo Domingo, Rafael Leonidas Trujillo. Esta conspiración fue sofocada y enviados a prisión los miembros de la misma.

El doctor Orlando Bosch fundó el Movimiento Insurreccional de Recuperación Revolucionaria, MIRR, a finales de 1959. El movimiento en principio tuvo características locales, pero después se extendió a varias áreas del país.

Según Rogelio Cisneros, quien fuera coordinador del Movimiento 26 de Julio en la provincia de Camagüey y que sostuvo en la Sierra Maestra varios encuentros con Fidel Castro, declaró en una ocasión "cualquier observador, después de conversar en un par de ocasiones con Fidel, podía apreciar que este no aceptaba cuestionamiento alguno y que solo él podía expresar sus ideas y que siempre procuraba imponer su voluntad por cualquier medio".

Continúa Cisneros relatando que las opiniones que tenía sobre Castro se confirmaron rápidamente a partir del triunfo revolucionario, porque presenció varios juicios en los que no se respetaban las leyes y se condenaba a los acusados a muerte sin la debida investigación.

Comenta Cisneros "que a esos crímenes había que sumar las confiscaciones y el sectarismo político, más la influencia de los comunistas, un conjunto de hechos que permitían apreciar que en el país se estaba imponiendo un régimen de fuerza de nuevas características".

Relata Cisneros que en más de una ocasión, tanto él como el comandante del ejército rebelde Huber Matos, denunciaron ante el propio Fidel Castro la penetración comunista en el proceso revolucionario y que a los planteamientos el propio Castro decía que eso se debía a la influencia que estaban ejerciendo Raúl Castro y Ernesto Guevara.

Para Reinol González, quien fuera dirigente sindical del sector bancario, el ya mencionado Congreso de los Melones fue el acto público que posibilitó el conocimiento de la realidad.

Según él, a partir de ese Congreso la mayoría de los elementos genuinamente revolucionario y que rechazaban las fórmulas comunistas se percataron del montaje que Fidel Castro había desarrollado y empezaron a actuar en consecuencia.

Una opinión similar sostiene Hiram González, uno de los fundadores del Movimiento 30 de Noviembre, que toma este nombre de la fecha en que asesinaron a Frank País[19].

Para González, el llamado Congreso de los Melones fue el aviso más claro de que en el país se desarrollaba un proceso que iba en la vía de instaurar una dictadura de nuevo cuño.

Según Hiram González, la imposición de una candidatura única en el Congreso Obrero determinó que el propio líder de la Central de Trabajadores de Cuba, David Salvador, quien había sido durante la insurrección Coordinador Nacional Obrero del 26 de Julio, asumiera conciencia de la situación y determinara la gestación del movimiento 30 de Noviembre como factor reivindicativo de un verdadero proceso revolucionario democrático y pluralista.

En una visión retrospectiva se puede apreciar que en la mayoría de las organizaciones que se iban formando existía una especie de mimetismo.

Casi todas copiaron al carbón las tácticas y estrategias usadas contra la dictadura de Fulgencio Batista, que a su vez eran, con algunas variantes, las utilizadas contra otras dictaduras o gobiernos anteriores que había padecido Cuba.

Los grupos se orientaron a acciones armadas en las ciudades

---

[19] Importante dirigente revolucionario del Movimiento 26 de julio. Asesinado durante el proceso insurreccional.

o en la constitución de grupos guerrilleros que operaban en zonas rurales. Su organización interna era también muy similar a las de agrupaciones subversivas precedentes: una coordinación general, una para acción y sabotaje, tesorería, propaganda, etc. y secciones Obreras, Estudiantiles y Femeninas.

Según el doctor Lino Bernabé Fernández, en noviembre de 1959, antiguos miembros de la Liga de Acción Revolucionaria, movimiento que había funcionado durante la insurrección contra Batista, junto a otras personalidades de diferentes signos políticos, fueron dando forma a un movimiento que se convertiría en una de las organizaciones más poderosa del clandestinaje contra el régimen de Fidel Castro, el ya mencionado Movimiento de Recuperación Revolucionaria, MRR. Esta organización quedó constituida formalmente en enero de 1960.

Relata Nilo Messer que en la fundación del MRR cumplieron un papel importante las agrupaciones católicas obreras y estudiantiles y, en particular, estudiantes de la Universidad de La Habana.

Varias de las personalidades determinantes en la gestación de la organización fueron el ya mencionado Manuel Artime, Rogelio González Corzo, "Francisco", fusilado en abril de 1961, Carlos Rodríguez Santana, "Carlay", muerto durante los entrenamiento en Guatemala para la expedición de Bahía de Cochinos, su número de identificación, 2506, fue tomado para identificar a la brigada que desembarcó en Cuba el 17 de abril de 1961.

Otros fundadores fueron Manuel Guillot Castellanos, fusilado en agosto de 1962, y los comandantes del Ejército Rebelde, Nino Díaz y Michel Yabor.

Afirma Calixto Campos, quien fuera delegado por la provincia de Oriente de la Federación Nacional de Sindicatos de Plantas Eléctricas después del triunfo de la Revolución y quien militó en el Movimiento 26 de Julio durante el período insurreccional, que los movimientos denominados contrarrevolucionarios se nutrieron básicamente de elementos revolucionarios que rechazaban el comunismo.

Considera que muchos de los que se oponían a lo que ocurría en Cuba, tenían la convicción de que Fidel Castro era enemigo del comunismo y que este era objeto de presiones por parte de dirigentes nacionales del 26 de Julio, entre ellos Raúl Castro y Ernesto Guevara.

Dice Campos que ellos confiaban en Castro y que este en más de una oportunidad, ante las advertencias de la penetración comunista, les pidió que le dieran tiempo, que en su momento les aplastaría la cabeza a los comunistas. Campos relata que al menos en dos ocasiones, estando él presente, Fidel Castro dijo estar en contra de las ideas comunistas. La primera, durante una visita que hizo a las oficinas del Primer Ministro y en la presencia de su secretario, Juan Orta[20], y la segunda, en las oficinas de la Caja de Seguro Social.

Otra agrupación de carácter político, pero que por disposición gubernamental no podía identificarse como tal, fue la Asociación Civil Demócrata Cristiana. Esta agrupación estaba integrada por muchos miembros del Movimiento de Liberación Radical, que había realizado actividades en contra del depuesto régimen.

El profesor José Ignacio Rasco, un destacado intelectual y político cubano, refiere que paulatinamente la agrupación fue derivando al clandestinaje y se convirtió, en mayo de 1960, en el Movimiento Demócrata Cristiano. Este movimiento rápidamente se extendió a todas las provincias, estando también entre sus fundadores, Enrique Villarreal, Enrique Ros, José Fernández Barde y varias personalidades más.

Enrique Ros afirma que en principio el Movimiento Demócrata Cristiano se fundó con el propósito de desarrollar el pensamiento social cristiano dentro del proceso revolucionario, pero que tal proyecto fue imposible por el sectarismo y la intolerancia que rápidamente distinguieron a la Revolución.

Según Israel Abreu, coordinador de la sección estudiantil del

[20] Secretario personal de Fidel Castro por varios meses. Se asiló en la embajada de México, donde estuvo recluido muchos años porque el gobierno de Cuba le negaba el salvoconducto. Murió en el exilio.

Movimiento 30 de Noviembre, la nueva organización se fundó con la participación de figuras destacadas del Movimiento Obrero, el ya mencionado David Salvador, quien fuera secretario general de la Central de Trabajadores de Cuba en el año 1959.

Según Abreu, en la constitución de este movimiento, considerado de raíces muy populares y de un gran compromiso social, también participaron líderes sindicales como Gabriel Hernández Custodio y Pedro Forcade, ambos fallecidos en el exilio, otras personalidades identificadas con la Revolución como Carlos Rodríguez Quesada y Richard Heredia se sumaron al proyecto.

El 30 de Noviembre[21] participó y organizó diversos alzamientos y también actividades de acción y sabotaje.

Es válido destacar que en el exilio se constituyeron varias organizaciones para luchar contra el régimen totalitario.

Uno de estos movimientos fue Defensa Institucional Cubana, que dirigía el Leopoldo Pío Elizalde. Según el doctor Rafael Díaz Balart, este movimiento estaba inspirado por el derrocado general Fulgencio Batista y Zaldívar.

En la primavera de 1960 se constituyó el Frente Estudiantil Universitario Democrático, que derivaría en el Directorio Revolucionario Estudiantil.

Relata Alberto Muller, fundador y secretario general del Directorio Revolucionario Estudiantil, que uno de los acontecimientos que determinó la fundación de la institución fue el acto de protesta que un grupo de estudiantes protagonizó en el mes de febrero de 1960 en el Parque Central de La Habana.

El viceprimer ministro de la Unión Soviética, Anastas Mikoyan, sindicado como uno de los máximos responsables de la matanza causada por la URRS en Budapest, Hungría, en 1956, durante su visita a la capital cubana fue a colocar una ofrenda floral en el monumento a José Martí.

El acto provocó la protesta cívica por parte de los estudian-

---

[21] Este es quizás el único movimiento fundado en los años 60 para desarrollar la lucha armada que se recreó en Cuba en la década de los 90. El Partido Democrático 30 de Noviembre que opera en la isla y tiene apoyo en el exterior, se considera el relevo histórico del Movimiento 30 de Noviembre.

tes, que lo consideraron como una afrenta al Apóstol. La protesta fue fuertemente reprimida por la policía, produciéndose un duro enfrentamiento con los estudiantes y la posterior detención de estos.

Continua Müller relatando que el grupo de estudiantes que empezó haciendo una oposición cívica al gobierno revolucionario, publicó un periódico con el nombre de "Trinchera" y que en una de sus ediciones reseñaron una entrevista que sostuvieron con Alexander Alexaiev, un agente de la KGB soviética que tenia la cobertura de periodista del periódico soviético Pravda.

Los estudiantes, entre ellos Muller, fingieron pertenecer a una corriente de la juventud socialista. Según cuentan al principio de la conversación, Alexaiev, quien sería el segundo embajador de la URRS en Cuba, fue evasivo pero que posteriormente durante la conversación les aseguró que en un año Cuba sería comunista.

Describe Muller que el Directorio Revolucionario Estudiantil se fundó en Estados Unidos en agosto de 1960, con la participación de Antonio García Crews, Juan Manuel Salvat, Joaquín Pérez Rodriguez y muchos estudiantes más que provenían de las secciones estudiantiles de los movimientos anticastristas previamente constituidos.

La primera decisión que tomaron fue que las operaciones tenían que hacerse en territorio cubano y que la dirección central de la organización tenía que estar dentro de la isla. De ahí partió la idea del alzamiento en la provincia de Oriente, donde murió un alzado y el resto de los guerrilleros fueron detenidos.

Cuenta José Bello Ferrer, quien era estudiante de la Escuela de Comercio de la ciudad de Cienfuegos, que él, al igual que otros muchos jóvenes de su generación, depositó su confianza en el proceso político que se había iniciado en enero de 1959.

Según Bello Ferrer, las actuaciones del nuevo régimen fueron sembrando el desencanto entre muchos jóvenes, hasta que en los primeros meses del año 1960 se unió a un grupo que estaba integrado al Movimiento de Recuperación Revolucionaria.

Según Bello, la dirección superior del movimiento insurreccional fue encarcelada por una delación de un individuo de nom bre Benigno Balsa Batista. Posteriormente el grupo de jóvenes contactó con otro movimiento del clandestinaje, Movimiento 30 de Noviembre, con el que colaboraron por muy poco tiempo, porque también éstos fueron arrestados.

El peregrinar de un movimiento clandestino a otro, como apunta José Bello, era casi una constante entre los individuos que conspiraron.

Estos hombres y mujeres solo querían luchar contra la dictadura y la herramienta institucional que utilizaran en el proceso tenía una importancia secundaria.

En los primeros meses de 1961, el grupo de Bello Ferrer estableció contacto con un miembro de los teams de infiltración que se habían preparado en Estados Unidos y que se hallaba escondido en la ciudad de Cienfuegos. El contacto se produjo con la célula de dirección del Directorio Revolucionario Estudiantil de la provincia de Las Villas.

El movimiento, que se caracterizaba por estar integrado por estudiantes y jóvenes, se reorganizó en Las Villas, e inició de inmediato la publicación del ya mencionado tabloide "Trinchera", bajo la responsabilidad de Jose Bello, por su condición de coordinador de propaganda de la organización. También se reasignaron responsabilidades como la búsqueda de fondos, el apoyo a los alzados en armas en la región de El Escambray y el planeamiento de acciones de sabotaje.

El Directorio Revolucionario Estudiantil tuvo un rápido crecimiento en la región de Cienfuegos, al mismo se sumaron médicos, profesores y obreros que estaban deseosos por combatir al gobierno, hasta que en el mes de septiembre de 1961 recibió un fuerte golpe por parte de la Seguridad del Estado, cuando fueron detenidos varios militantes en el momento en que se disponían a imprimir la copia de la Ley de la Patria Potestad, documento que denunciaba los planes que tenía el gobierno con los niños y adolescentes.

La existencia del documento fue negada por el gobierno cubano, pero Bello y muchas personas más certifican la existencia del mismo[22].

Junto a Bello Ferrer fueron detenidas dos mujeres, Asunción Rodríguez, su hija y otras 22 personas más. Bello califica la redada como una acción digna de la Gestapo nazi. Relata que los interrogatorios se extendieron por semanas, pero en su opinión, lo más significativo fue que la radio oficial informó sobre las sanciones que les impusieron antes de que el juicio concluyera.

El ya mencionado dirigente sindical Calixto Campos cuenta que ante los acontecimientos, se percataron que habían sido traicionados y que a partir de ese momento, junto a destacadas personalidades revolucionarias del calibre del comandante Nino Díaz y el capitán Jorge Sotús, y muchos revolucionarios más, integraron el Movimiento de Recuperación Revolucionaria, realizando diversas acciones en contra del gobierno.

Cuenta Campos que uno de los conspiradores, el jefe de las milicias de Santiago de Cuba, el capitán Nelson Figueras, quien fuera posteriormente fusilado, les pedía que todos se inscribiesen en las milicias y desde allí combatiesen el régimen, porque era la forma de ser más efectivos.

Relata Roberto Jiménez, quien militó en el Movimiento 26 de Julio en la lucha contra Batista y que fue Coordinador Nacional Estudiantil del Movimiento Revolucionario del Pueblo, una serie de experiencias comunes a la mayoría de las personas que se iniciaron en la conspiración contra el régimen en esos años.

Dice Jiménez que grupos sectarios de la Universidad Central de Las Villas procuraron que no se postulara para la presidencia de los Colegios de Ingeniería por su condición de católico, pero que aun así fue elegido presidente de los Colegios y miembro de la Federación Estudiantil Universitaria.

Continúa Jiménez exponiendo que la intromisión del gobierno en la vida universitaria a través de los miembros del 26 de Julio, de individuos asociados al Partido Socialista Popular, y de

---

[22] Entre otros factores la supuesta o real Ley de la Patria Potestad determinó que miles de padres decidieran sacar a sus hijos de la isla para que estos no fueran adoctrinados por el comunismo y convertidos por la dictadura en victimarios de sus semejante. Esta situación determinó el surgimiento de los "Peter Pan".

militares del Ejército Rebelde que habían sido estudiantes, se incrementaba cada día más.

Esta intromisión creo un gran clima de desconfianza, dudas y temores.

Según Jiménez, los factores asociados al gobierno trataban de determinar la vida universitaria e imponer las condiciones del gobierno en los altos centros de estudios, hasta que se perdió por completo la autonomía de las universidades cubanas. A partir de entonces, los dirigentes estudiantiles y los del claustro profesoral tenían que contar con el apoyo de las autoridades gubernamentales. Algo totalmente opuesto a las tradiciones universitarias de la Isla.

Roberto Jiménez cuenta que él y otros dirigentes estudiantiles emitían críticas sanas al gobierno y que lo hacían de forma pública, pero el resultado fue que las autoridades desarrollaron una política de captación primero, luego de intimidación y por último de aislamiento, hasta llegar a la represión total.

Dice Jiménez otro contar común en otros testimonios, que como consecuencia de la represión y de las acciones del gobierno, pasaron de la crítica a la conspiración. Jiménez, fue un estrecho colaborador de Porfirio Remberto Ramírez Ruiz[23] y uno de los organizadores de las protestas estudiantiles que se produjeron en la ciudad de Santa Clara el 12 de octubre de 1960, cuando Ramírez fue ejecutado.

Recuerda el colaborador de alzados José Fernández Vera, que los primeros alzamientos en la región trinitaria de El Escambray se produjeron entre mayo y junio de 1960 y que él participó en una célula conspirativa que tenía como fin apoyar a los alzados en armas del recién constituido Ejército de Liberación Nacional que comandó el exteniente del Ejército Rebelde Evelio Duque y su segundo al mando, Osvaldo Ramírez.

El grupo de apoyo en el que estaba Fernández Vera era dirigido por Miguel Ibáñez Turiño, Rafael Bastida, Tito Villafranca,

---

[23] Porfirio Ramírez Ruiz. Capitán del Ejército Rebelde. Presidente de la Federación Estudiantil Universitaria de las Villas. Comandó una guerrilla en el Escambray contra el totalitarismo.

Israel Rodríguez Fernández y Oscar Esquerra.

Según Reynold González, a mediados de 1960 se creó el Movimiento Revolucionario del Pueblo, una organización que fue fundada por elementos muy vinculados al proceso revolucionario, entre ellos Manolo Ray, quien fuera ministro de Obras Publicas del primer gobierno revolucionario, Rufo López Fresquet, ministro de Hacienda del mismo gobierno, Rogelio Cisneros, uno de los dirigentes del Movimiento 26 de Julio en la provincia de Camagüey y otros individuos asociados al proceso revolucionario.

Relata González, quien fungió como coordinador del MRP en el año 1961, que entre las personas contactadas se encontraban Faustino Pérez, ministro de Recuperación de Bienes Malversados y José Llanuza, alcalde de la Ciudad de La Habana. Ambos en principio aceptaron participar en la conspiración, pero posteriormente se retractaron por causas que se desconocen hasta el presente.

Cuenta el ya mencionado Rogelio Cisneros que el Movimiento Revolucionario del Pueblo elaboró un documento llamado Manifiesto al Pueblo Cubano, donde se exponían las bases programáticas de la organización.

Cisneros dice que el movimiento era partidario de desarrollar la lucha armada dentro de Cuba porque no creía en la efectividad de una invasión. Para Cisneros, que salió de Cuba clandestinamente y que intentó en dos ocasiones reingresar a la isla, la oposición a la nueva dictadura agotó los recursos cívicos antes de pasar a la lucha armada.

La Triple A, que dirigía un dirigente importante de la política cubana, Aureliano Sánchez Arango y el Movimiento Montecristi, que dirigía otro notable de la política cubana, Justo Carrillo, fueron otras de las agrupaciones que lucharon contra el gobierno de Batista y que se incorporaron también al proceso de confrontación contra el régimen inaugurado el primero de enero de 1959.

Según refiere el ingeniero Jose Adam de la OA, otras organizaciones de origen auténtico que participó en el proceso contra el totalitarismo fue el Movimiento Rescate Revolucionario creado por Manuel Antonio de Varona, Lomberto Díaz, Alberto Cruz, y varios líderes políticos más.

Sobre el Movimiento Rescate Revolucionario, relata Rogelio Villar de Franco, uno de sus fundadores en la provincia de Las Villas, que se constituyó con el propósito de ser otro brazo armado del Partido Auténtico contra el nuevo régimen.

Villar de Franco dice que el primer coordinador en Cuba fue Ramón "Mongo" Ruiz Sánchez, y que el coordinador en el extranjero era Manuel Antonio de Varona. Destaca que los que fundaron esta organización habían combatido contra la dictadura de Batista, pero que como tenían experiencias desagradables con los elementos dirigentes del 26 de julio, rápidamente se prepararon para lo peor.

Recuerda Villar de Franco que Ernesto "Che" Guevara interceptó unas armas que había mandado Carlos Prío a las guerrillas del Segundo Frente del Escambray en año 1958 y que esas ambiciones y sectarismo siempre alertaron a todos los movimientos contra Batista de las pretensiones hegemónicas y dictatoriales de los líderes del 26 de Julio.

Según Villar de Franco, entre las muchas actividades realizadas por Rescate se cuenta la asistencia a los alzados del Escambray y en crear condiciones para establecer un frente guerrillero en la región de Yaguajay, al norte de Las Villas, plan que no pudo concretarse en ese momento.

En esa época, relata Enrique Ros, se integraron dentro de Cuba y posteriormente se reorganizaría en México y Estados Unidos, el Frente Revolucionario Democrático.

El primer coordinador dentro de Cuba de esta sombrilla de organizaciones fue el propio Enrique Ros. Esta coalición de organizaciones que operaría también en el extranjero, estaba compuesta por:

Movimiento Montecristi, que dirigía Justo Carrillo.

Triple A, dirigido por Aureliano Sánchez Arango.

Movimiento Rescate, dirigido por Antonio de Varona.

Movimiento de Recuperación Revolucionaria, liderado por Manuel Artime.

Movimiento Demócrata Cristiano, dirigido por José Ignacio Rasco.

Para Enrique Ros, una de las deficiencias de la coalición fue su incapacidad para producir una relación efectiva entre el clandestinaje y las fuerzas que estaban luchando en las montañas del Escambray y en otras regiones de Cuba, y los grupos que podían remitir recursos militares desde el extranjero.

Poco tiempo después de una reestructuración que tuvo como resultado la incorporación de más movimientos insurreccionales, la entidad asumió el nombre de Consejo Revolucionario Democrático, que dirigiría el doctor José Miró Cardona[24].

Esta organización contó con el total apoyo de Estados Unidos y representó, con muchas limitaciones, la parte cubana en la fracasada expedición de Playa Girón.

Es importante destacar que no solo se constituyeron organizaciones clandestinas de carácter nacional, también se crearon aparatos locales y regionales; de uno de estos nos comenta Enrique Ruano.

Cuenta Ruano que en la provincia de Las Villas, a principios de 1960, existía el movimiento Acción Cívica Villareña, que estaba dirigido, entre otros, por José González, José Guzmán, y Ramón Hernández Rojas.

Según relatos, este movimiento desarrolló una activa campaña de concientización pública que consistía en una fuerte y sistemática distribución de propaganda antigubernamental.

Según Ruano, otro movimiento en el cual colaboró fue en los Comandos Anticomunistas Nacionales, que también se originaron en la región central del país. Es en esta organización donde Ruano empezó sus actividades como colaborador de los alzados, subiendo armas, suministros y hombres a las montañas, según la oportunidad y la situación.

A mediados de 1960 se produjeron los primeros alzamientos en el país. Estos primeros alzamientos no contaron con apoyo del exterior, las armas y otros recursos fueron suministrados por an-

---

[24] Primer Primer Ministro del gobierno revolucionario en 1959.

tiguos miembros de los movimientos insurrectos contra el régimen de Batista.

En las operaciones contra las guerrillas fue capturado el ya mencionado dirigente estudiantil, Porfirio Ramírez Ruiz, "El Negro", capitán del Ejército Rebelde y presidente de la Federación Estudiantil Universitaria de Las Villas. Porfirio Ramírez fue fusilado el 12 de octubre de 1960 junto a otros oficiales del Ejército Rebelde, como el comandante Plinio Prieto y el capitán Sinesio Walsh.

En prácticamente todas las ciudades del país se organizaron grupos de apoyo para los alzados en armas en los llanos y montañas. Estos individuos fueron identificados como colaboradores. Eran personas que disfrutaban de la confianza de los guerrilleros y tenían la capacidad de conseguir todo tipo de suministros que posteriormente entregaban a los grupos alzados en armas.

Uno de estos colaboradores es el ya referido José Fernández Vera, que a fines de 1960 entra en contacto con el Movimiento de Recuperación Revolucionaria y recibe junto a Diego Hernández, 20 fusiles automáticos M1 junto a otros avituallamientos.

Estos suministros fueron trasladados a la finca Vegas de Virama, en el Condado[25], donde fueron posteriormente ocupados por una acción de las fuerzas del régimen que estaban buscando armas y otros equipos que habían sido lanzados desde el aire por un avión.

En enero de 1961, Fernández Vera se trasladó para la ciudad de Santa Clara, donde se asoció al Movimientos 30 de Noviembre, que dirigían Mario Álvarez Lena y Noemí Abreu. Unos meses más tarde también estableció contacto con otra organización clandestina, Unidad Revolucionaria que conducían Eddy Artze, Rubén Calzadilla y Gilberto Oquendo, logrando realizar

---

[25] El Condado fue un campo de concentración situado en las montañas del Escambray, próximo a la ciudad de Trinidad. Allí fueron recluidas en condiciones inhumanas miles de personas, en su mayoría campesinos., muchos de los cuales fueron posteriormente fusilados y mayoritariamente condenados a largas penas de cárcel.

varios envíos regulares de ropas, calzado, medicinas, armas, municiones, sombreros y dinero a las montañas en las que operaban las fuerzas guerrilleras.

El dinero le era muy necesario a los alzados porque era la forma de adquirir comida entre los campesinos.

Según Javier Denis, dirigente del Movimiento 30 de Noviembre, a principios de marzo de 1961 la organización empezó a gestar un alzamiento en la provincia de Oriente, por lo que envió a varias puntos de la región oriental a dos de los líderes más importantes del movimiento, Pedro Fraginal Alonso y Raymundo Emeterio López Silverio, llegando a la conclusión la organización que era necesario abrir un frente guerrillero en la Sierra Maestra, pero que este debía coordinarse con el que estaba operando en la región del Escambray en Las Villas.

Con este objetivo, Fernández Galindo se entrevistó con el jefe de las guerrillas del Escambray, el capitán Osvaldo Ramírez, para coordinar acciones, partiendo poco después para la zona de Manzanillo-Campechuela creando condiciones para el alzamiento. En esta gestión contribuyeron con efectividad, entre otros, Alfredo Elías y los hermanos Ávila Rivera.

Recuerda Denis Rodríguez que le fue encomendada la misión de trasladar las armas existentes desde la ciudad de La Habana hasta las de Holguín, Bayamo y Campechuela, donde funcionaban células clandestinas que dirigía Alfredo Elías y que cuando logró reunir las armas que consideraba necesarias, estableció un campamento provisional en la finca los Arroyones, en las estribaciones de la Sierra Maestra.

Relata Juan Antonio Montes de Oca Rodríguez que se alzó con un grupo de compañeros en el valle de Guamacararo, provincia de Matanzas, y que establecieron un campamento en la loma Phenix, situada entre las ciudades de Cárdenas y Coliseo.

Según Montes de Oca, la guerrilla en principio estuvo integrada por unos nueve hombres, pero que en pocos días fueron más de 30 y que por el 18 de abril, en los momentos en que se estaba combatiendo en Playa Girón, las fuerzas guerrilleras atacaron el central Triunfo, cerca del poblado de Limonar. El ataque fue un éxito, porque ocuparon las instalaciones y las armas que allí se encontraban sin que los insurgentes sufrieran bajas.

Poco más tarde, ese mismo día, continúa relatando Montes de Oca, sostuvieron un enfrentamiento con militares que les perseguían en dos jeep, ocasionándoles varios muertos y heridos a las fuerzas gubernamentales y resultando herido por la parte insurgente el guerrillero Rolando Rivero.

El día 19, la fuerza guerrillera, rodeada por varios batallones del ejército, no tuvo otra alternativa que intentar romper el cerco y para lograrlo con mas efectividad y el menor número de bajas posibles, dividieron sus fuerzas, asumiendo la conducción de la nueva unidad Alfredo Caicedo.

Durante los enfrentamientos resultó herido en una mano Montes de Oca, quien poco después fue nuevamente herido en el abdomen. Las fuerzas del gobierno sufrieron una baja.

Recuerda Montes de Oca que pocos días después resultaron gravemente heridos varios guerrilleros, entre ellos Clemente Galindo, al que debieron amputarle una pierna y en otro encuentro posterior con el ejército, cerca de unos campos de henequén en las proximidades de la carretera que une a Coliseo con Cárdenas, Matanzas, los guerrilleros Osiel Ramírez y Eleovel González Granadillo fueron mortalmente abatidos.

Pocos días más tarde, 26 de abril, en un nuevo enfrentamiento en la carretera central cerca del pueblo de Coliseo, fueron heridos los guerrilleros Rolando Rivera, José Hernández Valdés y el jefe guerrillero Alfredo Caicedo.

Según Tito Rodríguez Oltman, el movimiento Unidad Revolucionaria se creó en el invierno de 1960, como resultado de la agrupación de numerosos movimientos insurreccionáles que operaban en todo el país.

Entre otros movimientos, Unidad Revolucionaria fue constituida por Rescate, Movimiento Agramonte, Salvemos a Cuba y varios más.

Este movimiento, UR, al igual que la mayoría de los restantes, estaba integrado por elementos revolucionarios y usaban armas y medios sustraídos del gobierno para enfrentar sus efectivos.

Este movimiento también desarrolló una fuerte actividad con grupos radicados en el exterior, al extremo que un punto situado en la costa norte de Cuba, entre las provincias de Matanzas y La Habana, fue identificado como el Punto Unidad, por la frecuencia que era usado para introducir hombres y recursos bélicos y sacar del país a los que tenían que abandonarlo por diferentes motivos.

En esa misma área existió otro lugar que tomó el nombre de Punto Fundora, en honor de Jorge Fundora, fusilado el 12 de octubre de 1961. El lugar se denominó en su honor Punto Fundora, ya que fue él quien lo estableció como lugar de embarque y desembarque de hombres y recursos para la lucha contra la dictadura.

Cuenta Rodríguez Oltman que el movimiento, entre otras actividades, realizó varios sabotajes de grandes proporciones, pero destaca un acontecimiento que los conmovió a todos profundamente.

Relata que Marcial Arufe, un oficial del Ejército Rebelde que estaba siendo intensamente buscado por los cuerpos de Seguridad, había tomado la decisión de no dejarse apresar.

Arufe, en su constante huída, le pidió a su novia contraer matrimonio, propuesta que ella aceptó, una voluntad que cumplieron con la ayuda de un sacerdote católico que conocía la situación.

Pocos días después del matrimonio, el 14 de abril de 1961, Arufe fue cercado en un apartamento de la Avenida Collins en el Vedado, La Habana, y junto a su esposa Olga Digna Fernández Cañizares, enfrentó a las fuerzas policiales, causándoles cinco bajas antes de que los matasen a ambos.

Enrique Ruano, su padre Zoilo Ruano, Carlos Veitía y Eduardo Hurtado Risquet, todos cumplieron muchos años de prisión, estuvieron entre los colaboradores que apoyaron a los guerrilleros que operaban por las poblaciones de Manicaragua-Cumanayagua, en la antigua provincia de Las Villas.

En esa zona los jefes guerrilleros fueron, entre otros, Manolo Vázquez, conocido como el "Gallego", posteriormente fusilado y Rigoberto Tartabull, muerto en combate.

Como una nota de la colaboración existente, señala Enrique Ruano que en 1961 su padre, Zoilo Ruano, condujo a las montañas del Escambray a dos personas, una de nombre José Borges León, conocido como "El Jabao", y otro que le decían "El Flaco", quienes habían participado en un atentado contra el conocido político y comentarista radial José Pardo Llada[26].

Un movimiento que había cumplido un rol en la lucha contra el régimen anterior y que había sido marginado desde los inicios del triunfo revolucionario por culpa del espíritu sectario que había caracterizado al Movimiento 26 de Julio, fue el Segundo Frente Nacional del Escambray.

Esta organización, entre otras peripecias, vertebró una operación que de nuevo condujo a las montañas de la región central de Cuba al capitán Everardo Salas, quien fue posteriormente fusilado.

Relata el doctor Rodolfo Santos Lara, quien fue dirigente del Segundo Frente en la lucha contra Batista y posteriormente contra el castrismo, que en el mes de febrero del mismo año 1959, el comandante Aurelio Nazario Sargent, líder de la ortodoxia en Las Villas y dirigente del Segundo Frente, le dijo que había que prepararse para una nueva lucha porque se avecinaba otra dictadura.

Por su parte, Nazario Sargent, comandante del Segundo Frente del Escambray, contó al autor que las diferencias con Castro y el Movimiento 26 de Julio se originaron en el periodo de la lucha insurreccional contra Batista.

Dice Sargent que los elementos castristas trataron de controlar los movimientos que se encontraban alzados en el Escambray y que un comandante guerrillero, Víctor Bordón, admitió cuando fue presionado por sus compañeros, que estaba espiando para el Movimiento 26 de Julio.

---

[26] Comentarista radial, muy popular en la Cuba republicana. Fue diputado a la Cámara de Representantes. Estuvo muy vinculado por dos años al castrismo. Posteriormente se asiló y vivió hasta su muerte en Colombia.

Según Nazario, las rivalidades entre los grupos revolucionarios eran muy agudas, señala que en un encuentro de los comandantes Aurelio Nazario Sargent y Lázaro Asencio con Fidel Castro, este les expresó su descontento porque se había creado un frente guerrillero en el Escambray, para luchar contra Batista.

Relata Sargent que su hermano Aurelio, tomando como referencia las relaciones que existieron entre los dos grupos armados durante la insurrección y la visible voluntad de Castro y sus colaboradores de adueñarse de forma absoluta del poder, le expresó el 14 de enero de 1959, "hemos ganado la guerra pero perdido la paz".

Según Nazario Sargent, en un gesto de buena voluntad y procurando la paz y la armonía en la nación, las unidades militares del Segundo Frente Nacional del Escambray entregaron en la ciudad de Cienfuegos las armas con las que habían combatido, anunciando que se desmovilizaban todos los efectivos del Segundo Frente.

Los oficiales del Segundo Frente continuaron vinculados al proceso revolucionario, pero no formaron parte del gobierno, porque sus dirigentes tenían grandes reservas del curso que estaba tomando el proceso.

Continúa Sargent relatando que los miembros del Segundo Frente se prepararon en principio para una lucha electoral dura, pero que después se percataron que el gobierno solo daba espacio a las conspiraciones y a la lucha armada.

Agregó en la entrevista que le concedió al autor que dos comandantes de Segundo Frente, Jesús Carrera y William Morgan, fueron fusilados por el gobierno de los Castro.

Según Nazario Sargent, las bases para la constitución del Movimiento Alpha 66 se establecieron en Cuba en el año 1961, por su hermano Aurelio Sargent y el doctor Diego Medina, entre otros dirigentes.

Una de las acciones más audaces protagonizadas por la insurrección fue la fuga del presidio político de Isla de Pinos del encarcelado capitán del ejército rebelde Jorge Sotús, anteriormente mencionado.

Sotús cumplía una sanción de cárcel en el desaparecido reclusorio nacional por actividades contrarrevolucionarias, cuando el jefe de orden interior del penal, Ramón Padilla, en combinación con varios activistas, organizó una fuga que favorecería a varios prisioneros.

Después de muchas peripecias, el oficial Padilla, con la ayuda de un sargento, pudo sacar ilegalmente a Jorge Sotús de la prisión, lo trasladó hasta La Habana y después de varios días fue enviado clandestinamente a los Estados Unidos. Jorge Sotús falleció como consecuencia de un percance no esclarecido, cuando preparaba una operación armada contra el régimen de Fidel Castro.

José Luis Fernández conspiró contra la dictadura desde el mes de febrero de 1959.

Después de numerosas peripecias y varios arrestos, en agosto de 1960 fue contactado por un suboficial del ejército, quien le dijo que estaba en contra del gobierno y que contaba con recursos para enfrentar la dictadura.

Recuerda que para ese entonces en San Diego del Valle, Las Villas, muchos antiguos miembros del ejército rebelde estaban contra el gobierno y que él no dudó incorporarse al grupo porque su único interés era derrocar el gobierno.

Apunta que viajó a La Habana para coordinar algunas actividades, ya que el propósito era alzarse en las montañas del Escambray, pero dejando atrás un aparato clandestino que pudiera suministrarle equipos y armas.

Recuerda que para esa época el comandante Víctor "Diego" Paneque ya había salido para Estados Unidos en busca de más recursos para la guerra y había quedado al frente del Movimiento Demócrata Martiano el capitán Bernardo Corrales.

José Luis Fernández, recuerda que la traición anidaba en el grupo. Apunta que participó en dos recogidas de armas y municiones, y que conocía a fondo las actividades en las que participaba. En el mes de octubre fue arrestado.

Recuerda Fernández que en la cárcel no se dejaba de luchar y que muchos presos organizaban fugas para regresar a enfrentar la dictadura.

Apunta que participó en el asalto de la escolta que custodiaba el ómnibus que conducía una cordillera de presos desde la cárcel de Santa Clara a un punto de la geografía cubana donde iban a abordar un transporte que les llevaría para el Reclusorio de Isla de Pinos.

En el asalto un preso resultó herido y murió un escolta de apellido Fernández. Aclara que el herido y el escolta muerto fueron a consecuencias de los disparos efectuados por un sargento de apellidos Ríos y del resto de los militares que les custodiaban en el carro patrulla que seguía el ómnibus. La fuga no tuvo éxito pero eso no desanimó al grupo que la había intentado.

El Directorio Revolucionario Estudiantil convocó dos huelgas en ese sector con el apoyo de otras organizaciones de la clandestinidad. Las huelgas, que no pudieron cumplir todos sus objetivos, debido a la capacidad represiva del gobierno, se produjeron los días 6 de febrero de 1961 y 13 de marzo del mismo año.

Relata Hiram González, que fue coordinador de Acción y Sabotaje del Movimiento 30 de Noviembre, que su organización nunca recibió ayuda de alguna entidad de Estados Unidos.

Destaca que las actividades que desarrollaron las ejecutaron con sus propios recursos y gracias a los conocimientos adquiridos durante su militancia en el Movimiento 26 de Julio, pero que siempre procuraron que en las acciones de sabotaje realizadas, personas inocentes no fueran afectadas.

Según González, el Mov. 30 de Noviembre desarrolló varias actividades de ese tipo y que entre otras acciones sabotearon la refinería de la Shell y participaron en el alzamiento de Cienaguilla, en la provincia de Oriente.

Describe González, que en el proceso llevado a cabo contra los alzado de Cienaguilla, Frank López Silveria fue acusado de haber asesinado a un primo y condenado a muerte por el crimen, pero que durante el juicio se presentó el pariente en cuestión para desmentir los sucesos, pero que las autoridades no aceptaron la declaración y López Silveria fue fusilado.

En los meses finales de 1960 y durante todo el año 1961, se produjeron numerosos actos de sabotaje a lo largo y ancho del país.

En diciembre se provocó un incendio en el quinto piso de la emisora CMQ, también se produjeron acciones similares contra las tiendas por departamentos La Época, Flogar y El Encanto, quedando esta última totalmente destruida. Durante el incendio falleció la señora Fé del Valle.

Por este sabotaje varias personas fueron a prisión y fue fusilado Carlos González Vidal, militante del MRP. También se realizaron atentados contra instalaciones oficiales, industrias, sembradíos de caña y otros tipos de compañías que el gobierno había incautado.

Cuenta Hiram González otro crimen fraguado por las provocaciones sistemáticas que orquestaba la seguridad del estado cubano.

Dice que estando en la prisión de La Cabaña, llegaron detenidos Radamés Amado Cruzata y Bienvenido Infante, acusados de tratar de poner un artefacto explosivo en la Compañía de Teléfonos.

Los dos habían sido convencidos por Juan Antonio Rodríguez Menier, un agente de la seguridad cubana que desertó en Europa en los años 80, para que colocaran una bomba en un registro telefónico. El artefacto explosivo, el plan y el camión de la compañía de teléfonos habían sido gestionados por Rodriguez Menier y cuando todo estaba listo para la acción, los dos conspiradores fueron detenidos.

La trama urdida por la Seguridad del Estado y operada por Rodríguez Menier, que había sido expulsado del Movimiento 30 de Noviembre porque no era de confianza, culminó con el fusilamiento de Amado Cruzata y Bienvenido Infante, que en su buena fe creyeron en Rodriguez Menier.

Rodriguez Menier se encuentra en Estados Unidos.

Otro revolucionario que rápidamente no dudó en enfrentar el régimen cuando éste empezó a violar los derechos de los ciudadanos fue Ramiro Gómez Barrueco.

Gómez es de la provincia de Oriente. Allí desarrolló numerosas actividades contra la dictadura y como consecuencia fue a prisión por muchos años.

Apunta Ramiro que después que haber participado en varias acciones con otras organizaciones, se incorporó al Movimiento Demócrata Cristiano.

Recuerda que en compañía de un compañero de apellido Guillén y de Pedro Guerra fueron a la cantera de los Gómez Falls, donde les entregaron unos cartuchos de dinamitas y metros de mecha para explosivos. Apunta que los detonadores los consiguió un amigo de nombre "Mandaca" López, que se los había llevado de una cantera de mármol de nombre Siboney.

Los petardos, pequeñas bombas caseras confeccionadas con dinamita, fueron preparados por el jefe de acción de la región, Julio César Díaz "Alejandro".

Señala que uno de los compromisos que asumieron todos fue que nunca moriría un inocente como consecuencia de las detonaciones que iban a producir con esos explosivos. Dice que los explosivos y las mechas fueron colocados en alcantarillas y postes de teléfonos, mas como prueba para conocer su eficiencia, que como acción contra el régimen. Recuerda que a las semanas al grupo se sumó un activista conocido como Julito, que había estado en la escolta del expresidente Manuel Urrutia[27].

Dice Gómez que a los pocos días las pruebas con esos explosivos fueron suspendidas, entre otros motivos porque estaban esperando el explosivo C-3 y porque el jefe de la provincia en el sector de la propaganda, Celestino Palomo, conocido como el "Guajiro", pidió su ayuda para que operara un mimeógrafo en el que iban a imprimir propaganda para divulgar la protesta de los estudiantes del Parque Central de La Habana.

Recuerda que el mimeógrafo estaba bajo el control del padre Izquierdo, un sacerdote del Colegio de Dolores, pero que el rec-

---

[27] Manuel Urrutia Lleó. El primer presidente de Cuba después del triunfo de la Revolución. Realmente fue impuesto por Fidel Castro.

tor, Félix Feliz, asumió la responsabilidad de ordenarle al padre Izquierdo que se lo entregara.

La primera impresión, opina que una de las primeras manifestaciones del periodismo independiente bajo el castrismo, la hizo en el garaje de Consuelo Gómez, junto a Ernesto y ''El Guajiro''. Apunta que terminada la impresión de la propaganda que titularon "Camino del Comunismo", con la tinta casi húmeda, salieron a la calle a repartirla.

Ramiro Gómez dice que la mayor parte de las veces en la lucha no se contaba con recursos y que en ocasiones tenían que recurrir a inventar con qué combatir.

Recuerda que en una ocasión un compañero consiguió un tanque de tachuelas que fueron dobladas y pintadas del color del asfalto. Las tachuelas las regaron desde dos automóviles, uno de ellos era el de Edgardo Díaz "Puncho". ''Las regamos en todas las entradas y salidas de la ciudad creando un caos en el transporte. Esto no se pudo repetir porque las tachuelas desaparecieron del mercado''.

Cuenta que Ernesto, un miembro del grupo, tuvo la idea de usar balas con estopa, lo que generó una de las etapas más difíciles de la lucha. En latas vacías de aluminio de una capacidad de cinco galones, se comprimían estopas impregnadas en gasolina junto con un paquete de balas. Era una operación muy peligrosa porque se corría el riesgo, como ocurrió en una ocasión, de que el contenedor detonara antes de concluir la misión.

Afirma Gómez que realizaron cuatro acciones de ese tipo. Dos frente a un burdel conocido como La Casa de Manolito, otra frente al Mercado Municipal y la cuarta en la esquina de la casa del comandante Fernando Vecino Alegret. Eso ocurrió el 25 de diciembre de 1960, como a las nueve de la noche, mientras celebraban una fiesta.

En abril de 1961 se produjo el desembarco de Playa Girón. El por qué fracasó la expedición es un asunto muy estudiado por historiadores y especialistas del tema.

La incursión, que no fue comunicada a las fuerzas de la resistencia, desató una ola represiva en la que fueron detenidas más de 100, 000 personas.

Cuando las prisiones se llenaron, los detenidos fueron recluidos en lugares como la Ciudad Deportiva de La Habana o el campo de baloncesto de la Universidad Central de Las Villas, también en escuelas y centros de recreación. Cualquier lugar servía para encerrar a toda persona que el gobierno consideraba su enemigo.

Se calcula que en la semana del desembarco de la Brigada 2506 fueron fusiladas aproximadamente unas cincuenta personas en la Fortaleza de la Cabaña y decenas más en otros lugares del país. Entre los fusilados se cuenta un comandante del ejército rebelde y el primer ministro de Agricultura del gobierno revolucionario, Humberto Sorí Marín.

Como consecuencia del fracaso de la expedición de la Brigada 2506, muchos analistas opinan que la lucha clandestina, así como la guerrillera en llanos y montañas, resultó seriamente afectada. Las organizaciones y sus miembros debieron esforzarse muy seriamente para recuperar la limitada operatividad que tenían antes del 17 de abril de 1961.

Un ejemplo de esa recuperación fue el intento de atentado contra Fidel Castro, en octubre de 1961, cuando miembros del Movimiento Revolucionario del Pueblo, MRP, planearon disparar una bazooka durante el acto de recibimiento del presidente Osvaldo Dorticós que regresaba de una visita a los países socialistas.

Otra manifestación del compromiso contraído por los sectores de la oposición se manifestó cuando, en agosto de 1961, un grupo de individuos constituyeron la Unión Nacional Revolucionaria.

Este fue un grupo que se autocalificaba de nacionalista y rechazaba cualquier tipo de apoyo que proviniese de factores ajenos al conflicto nacional.

UNARE fue fundado por Roberto Arias, quien fuera posteriormente fusilado, con cuatro cubanos más, a finales de 1962, después de crear un frente guerrillero en las montañas del norte de Oriente.

Colaboraron con Arias el historiógrafo y oficial del Ejército Rebelde José Duarte Oropesa, el poeta Ángel Cuadra y Rolando Borges, que fue uno de los fundadores del Ex-Club[28] y que falleció en Miami.

UNARE al igual que las otras organizaciones se estructuró sobre frentes estudiantiles, profesionales y obreros, y publicaba un folleto titulado Cuba Democrática.

Relata Héctor Caraballo, coordinador en la provincia de Las Villas de la sección estudiantil del MRP, que después del fracaso de Playa Girón y la redada nacional que se efectuó contra la resistencia, el estudiante Norberto Camacho, dirigente de esa organización, partió para la capital en busca de recursos para organizar un alzamiento.

Obtenido los recursos necesarios regresó Camacho en compañía de su compañero de estudios y de lucha Julio Guevara, para la ciudad de Remedios, Las Villas, donde se reunieron con un grupo de campesinos para llevar a cabo los alzamientos.

Encontrándose en los preparativos fueron arrestados por la Seguridad del Estado, Camacho y Guevara, junto a tres campesinos. Termina Caraballo su relato diciendo que le realizaron un juicio público a los cinco procesados en el central Adela, cerca de la ciudad de Zulueta y que fueron fusilados, aun sin haberse concretado el alzamiento, en el mismo central, el 15 de diciembre de 1961[29].

En un documento en poder del expreso político Amado Rodriguez, director de Human Right in Cuba, y firmado por los expresos políticos, Pablo Simón y Sergio Montecerin, se hace constar que en un área conocida como Arroyo Blanco, en las proximidades de Yatera de Guantánamo, se estableció entre los meses de diciembre, 1961 y enero 1962, un campo de operacio-

---

[28] El Ex Club fue una importante organización del exilio que agrupaba particularmente exprisioneros políticos y combatientes que no habían estado en prisión.
Ese día fueron ejecutados junto a Norberto Camacho y Julio Guevara, los campesinos Luis Guerra Domínguez, Jerónimo Camacho, y José González, todos miembros de la Juventud de Acción Católica.

nes manejado por la Seguridad del Estado, donde fueron concentrados detenidos de toda la provincia de Oriente, que habían militado en diferentes organizaciones contrarias al gobierno.

Entre los recluidos se encontraban quienes habían estado alzados en armas y otros que desarrollaban actividades en la clandestinidad. Según el documento mencionado, en el campo de concentración de Arroyo Blanco las fuerzas del gobierno cometieron numerosas torturas físicas y vejaciones y llegaron a fusilar una mujer, la señora Juana Figueredo, la única mujer que se tiene noticia que haya sido ejecutada por la dictadura de los Castro. La señora Figueredo estaba alzada en armas con su esposo, Antonio Moreno, quien también fue fusilado.

Por lo notable del hecho, aun en una época donde se fusilaron a miles de personas, queremos hacer constar los nombres de algunos de los que fueron ejecutados en Arroyo Blanco en los solo dos meses que duró el trágico campo de operaciones: Carlos Campos, Paquín Sarmiento, Napoleón Mero, Pedro Barrera, José Flores, dos hermanos de apellido Téllez, Rolando Ortiz, Roberto Domínguez y sus dos hijos, Hernán Perez, Heriberto Rodriguez y "Tita" Rodríguez.

El uso de esta región para fusilar no impidió que se realizaran crímenes similares en el resto de la provincia y del país.

En agosto de 1961, la situación de los alzados en armas en la región montañosa del Escambray se hizo particularmente difícil.

Las unidades militares y paramilitares del régimen habían aumentado su presión contra los alzados, mientras los suministros necesarios para que los insurgentes continuaran la lucha eran extremadamente escasos.

Por este motivo, relatan José Fernández Vera y Enrique Ruano, se produjo un movimiento de reorganización entre los hombres de las montañas y el llano, y se restructuró el Ejército de Liberación Nacional, asumiendo el nombre de Frente Unido Revolucionario Escambray, nombrándose como jefe máximo de las fuerzas al comandante Osvaldo Ramírez, quien murió horas después de un intenso combate con unidades antiguerrilleras.

Los jefes civiles de esa fuerza, según Fernández Vera, fueron

Ángel Biscet Colt y Juan del Cueto, que fueron fusilados en la ciudad de Santa Clara en agosto de 1962.

Posteriormente, un grupo de opositores de las ciudades, encabezados por Roberto Rivero y Ventura Guerra Machado, se reunieron en las proximidades de la ciudad de Trinidad con el comandante guerrillero Julio Emilio Carretero, quien había sustituido como jefe de las fuerzas insurrectas de las montañas del Escambray a Tomás San Gil, quien había muerto combatiendo a las tropas del régimen castrista.

En la reunión se establecieron planes para ayudar con suministros a los alzados que se encontraban en las montañas y en los llanos. El comandante Julio Emilio Carretero aceptó que el FURE funcionara en el llano y desarrollara las actividades que precisaran las circunstancias, determinando que se creara una comandancia para dirigir las actividades de suministro.

En todo este entramado de tragedias y heroísmos hay un caso que ejemplifica las experiencias vividas en esos años.

Lo acaecido con el oficial guerrillero Manolo "Gallego" Vázquez es, en la opinión de Enrique Ruano, una muestra de la estrecha colaboración existente entre las guerrillas y los llamados colaboradores de alzados.

El Gallego Vázquez sostuvo un combate con fuerzas de las milicias en la región de Cumanayagua, su unidad fue diezmada y dispersa y él gravemente herido.

Días más tarde fue rescatado por las fuerzas del jefe guerrillero Rigoberto Tartabull, quien al percatarse que no era posible curarlo, decidió enviarlo para la ciudad de Santa Clara con otro guerrillero de apellido Trujillo, a quién decían el "Muerto", quien al recuperar su salud retornó a las montañas, donde murió en combate.

Las fuerzas clandestinas de la ciudad facilitaron a Vázquez medios para su recuperación y prepararon su reincorporación a las guerrillas, pero este fue detenido en una operación de la Seguridad del Estado y posteriormente fusilado. Muchas otras personas de la ciudad fueron arrestadas por prestar asistencia a los alzados.

Según Ruano, uno de los responsables de suministrar a las unidades guerrilleras de la región norte de Las Villas fue Guido

Ramón Díaz Carrera, un colaborador muy próximo del legendario líder guerrillero, Margarito Lanza Flores, "Tondike".

Los colaboradores del alzado también realizaban otras actividades como quemar cañaverales. La manera en que lo hacían era muy sencilla:

Colocaban en el interior de un rollo de gasa quirúrgica varias filas de fósforos, prendían la gasa como si fuera un tabaco y las lanzaban con tirapiedras en los cañaverales. Otra forma de quemar la caña, que no demandaba recursos sofisticados provenientes del extranjero, era la mezcla de permanganato de potasio con glicerina, ambos productos, al entrar en contacto, hacen una rápida combustión.

Relata Fernández Vera que en noviembre de 1961, el movimiento Unidad Revolucionaria organizó un alzamiento que iba a operar también en la zona montañosa del Escambray pero, como consecuencia de una delación, todos fueron detenidos y solo pudo partir para las montañas Juan Morales Sosa, "Juanín", quien llegó a ser capitán guerrillero. Morales Sosa fue capturado y más tarde fusilado.

Fermín Amador Chamizo y varios compañeros suyos fueron detenidos el 15 de mayo de 1962, en la finca Villasona, en las proximidades de la ciudad de Colón en la provincia de Matanzas. La detención de Chamizo y sus compañeros puso fin a la actividad clandestina de un numeroso grupo de hombres y mujeres que desde mediados del año 1960 venían realizando diversas acciones en contra del gobierno.

Relata Chamizo que sus actividades estaban orientadas a colaborar con los alzados de la zona llevándoles armas, municiones, ropas, calzados y medicinas.

Según Chamizo, la mayor parte de la ayuda que aportaron a los alzados fue a la guerrilla de Mario Méndez, conocida como la guerrilla de "Tinguaro"[30], porque la mayoría de los miembros de la misma eran naturales de la localidad que lleva ese nombre.

---

[30] Este era el nombre del central, el pueblo y central después fue llamado Sergio González.

Esta guerrilla, que operaba en los llanos de Matanzas, fue seriamente afectada por el fracaso de la invasión de Playa Girón, al extremo que quedó prácticamente disuelta después de esos acontecimientos, partiendo sus miembros a esconderse en La Habana o incorporándose a otras unidades guerrilleras.

Agrega Chamizo que también quemaron muchos cañaverales utilizando fósforo vivo. La forma en que usaba este producto inflamable, era muy curiosa.

Abrían pelotitas de ping pong y en su interior colocaban la sustancia que, como es conocido, al entrar en contacto con el oxígeno hace combustión, fuego que se extendía a los sembradíos.

Continúa Fermín Amador Chamizo relatando que su grupo del MRR había logrado conservar numerosas armas y explosivos y que todo había sido ocultado en diferentes fincas de la zona para en el momento indicado producir un alzamiento.

Al parecer, las fuerzas de la Seguridad del Estado de Cuba tuvieron conocimiento de que existían tales armas e infiltraron entre los subversivos a militares que se decían perseguidos y que decían tener interés en incorporarse a las fuerzas guerrilleras. Esa fue la causa que motivó el arresto del grupo que se preparaba para alzarse en el amanecer del ya mencionado 15 de mayo de 1962.

En el mes de agosto de 1962, tuvo lugar una de las conspiraciones más heroicas y menos divulgada de la lucha contra el totalitarismo.

Las informaciones que se tienen de esta conspiración son muy limitadas. Según relatan algunos miembros de la organización FAL, Fuerzas Armadas de Liberación, esa organización, en coordinación con otras instituciones del clandestinaje, gestó un golpe militar en el que iban a participar miembros de las fuerzas armadas revolucionarias en activo, particularmente miembros de la Marina Revolucionaria.

El FAL se fundó en julio de 1960 y su primer coordinador fue el Comandante Frank, Francisco Evelio Pérez Menéndez, quién fue fusilado por las actividades que relataremos a continuación.

Relata la señora Eudocia Pérez en su libro "FAL", que se estaba planeado un pronunciamiento militar para la noche del 30 de agosto de 1962 y que el inició de la acción sería determinado por el clásico cañonazo de las 9.pm en la Fortaleza de la Cabaña, pero como la conspiración fue descubierta, no se pudieron desencadenar los acontecimientos esperados.

En el acta de la Causa # 410 de 1962, se describen los planes de las fuerzas complotadas y se hace constar nueve penas de muerte, pero según diversas informaciones, en los últimos meses de 1962 se fusilaron muchas más personas, que de alguna manera estuvieron asociados al intento golpista de agosto de 1962.

Como consecuencia de esta conspiración fueron ejecutados, entre otras personas, Juan Carlos Montes de Oca, Alejandro Carpentier y Louro Sierra.

La situación de las fuerzas del clandestinaje y de las guerrillas se fue haciendo tan difícil que ha mediado de 1962, Jose Antonio Albertini, quien era el coordinador provincial de la sección estudiantil del Directorio Revolucionario Estudiantil en Las Villas, propuso que los elementos que fueran detectados por la seguridad del estado en vez de salir del país, se incorporaran a las guerrillas y en la medida de lo posible constituyeran unidades guerrilleras que también operaran en las ciudades.

Esta propuesta, que fue aceptada en principio, no pudo ejecutarse por el férreo control que ya estaba ejerciendo la policía política sobre la oposición y también por la falta de armas y municiones para enfrentar de forma directa a los efectivos de la dictadura.

El primer contacto directo de Ruano con las guerrillas se produjo el primero de enero de 1963. Su viaje tenía como objetivo obtener permiso de los insurgentes para que se les incorporara Alfredo Luque, quién murió dos días después en un combate.

Como ejemplo de situaciones que enfrentaban regularmente colaboradores y alzados, comenta Ruano que de golpe se encontró con los alzados y que a pesar de la precaria situación en que se hallaban, era notable su optimismo y su fe en la victoria final.

Muchas de esas personas murieron en combate dos días después. Fueron once en total, el combate tuvo lugar cerca de la ciudad de Manicaragua, en las estribaciones del Escambray.

Entre los guerrilleros se encontraban Jose Ramón Crespo, Juan Dévora Blanco, el "Niño" Dévora, Porfirio Guillén, Gilberto Rodríguez Ramírez e Israel Pacheco, todos eran oficiales guerrilleros que encontraron la muerte en ese combate.

Muchas de las actividades realizadas en la lucha contra el régimen se basaron en la procura de información, como hemos mencionado anteriormente.

Un caso que llevó a la muerte a un hombre que se arriesgaba buscando información lo relata Saturnino Polón.

Polón, de Santiago de Cuba, cuenta que se inició en la conspiración en 1962 con una célula del Movimiento 30 de Noviembre y que más tarde se integró a otra que había sufrido las acciones de la Seguridad del Estado, el Movimiento Demócrata Cristiano.

Esta agrupación era dirigida por Miguel César Díaz Infante, un alto funcionario del Ministerio del Comercio Interior en la provincia de Oriente.

Recuerda que a mediados de 1963, un individuo identificado como Vallina se acercó a Díaz Infante para solicitarle información. Al parecer, Vallina tenía conocimientos del movimiento clandestino y expuso que había sido designado para reorganizarlo.

Díaz Infante, por medio de Polón, suministró la información requerida por unos meses, pero al cabo de los mismos entraron en sospechas sobre la integridad de Vallina y disminuyeron el flujo de información y en consecuencia fueron arrestados.

Al parecer, cosa que se confirmó como veremos a lo largo de este trabajo, el gobierno determinó fusilar a Miguel César Díaz Infante, no solo por la información que supuestamente había entregado a agentes enemigos; en realidad toda la información la había recibido el gobierno porque Vallina era un agente encubierto del gobierno.

La conclusión de personas que conocieron del caso fue que las circunstancias políticas del momento en la provincia de

Oriente demandaban un escarmiento, y por eso Díaz Infante fue fusilado en agosto de 1964.

Para destacar la fuerza y la voluntad de luchar que aún se conservaban en ciertos grupos de la oposición armada, hacemos referencia a la detención, en marzo de 1964, de miembros del llamado Frente Unido Occidental, FUO, un grupo que operaba en las provincias de Pinar del Rio, en La Habana e Isla de Pinos.

Este grupo era comandado por Esteban Márquez Novo, quien se suicidó, según versiones de la Seguridad del Estado, antes de ser capturado. A los integrantes del FUO, según las autoridades castristas, les fueron ocupados 207 armas largas, granadas, silenciadores y explosivos, entre otras cosas.

En julio de 1965, uno de los líderes de UNARE, Enrique Abreu Vilahú, organizó un atentado contra Fidel Castro en la Pizzería Vita Nuova, de 21 y L en el Vedado. Abreu Vilahú, fue fusilado y sus compañeros encarcelados.

Un año más tarde, 1966, el comandante del ejército rebelde y expresidente de la Federación Estudiantil Universitaria, Rolando Cubela Secades, fue detenido junto a otros individuos por tener proyectado un atentado contra Fidel Castro en los actos conmemorativos por el noveno aniversario del ataque al Palacio Presidencial el 13 de marzo de 1957.

Los movimientos clandestinos gestados en los primeros años de la década del 60 fueron operando, según pasaba el tiempo, con mayores dificultades, ya que los servicios de inteligencia y de seguridad del régimen eran más efectivos gracias a su perfeccionamiento y a la preparación recibida por organismos similares de los países del bloque soviético.

Según varios estudiosos del tema, estas agrupaciones clandestinas, aunque se rearticulaban rápidamente cada vez que eran detenidos sus integrantes, fueron perdiendo capacidad operativa a partir de los años 1966 y 1967, hasta su casi total extinción en la década de los 70.

A partir de 1965 se empezaron a producir brotes conspirativos de características inéditas, circunstancias que merecen un estudio particular.

Jóvenes que se encontraban cumpliendo el Servicio Militar Obligatorio gestaron conspiraciones en las propias unidades militares, llegando a organizar atentados contra sus oficiales y procurando la caída del régimen a través de diversos medios.

Muchos de estos muchachos tenían menos de quince años cuando se produjo el triunfo de la insurrección y no tenían en su mayoría, directa o indirectamente, relaciones con el gobierno que había sido depuesto.

Es importante destacar que sí miles de hombres fueron fusilados, sí decenas de miles de hombres y mujeres fueron a las cárceles, el gobierno instrumentó medios de reclusión masivos donde fueron enviadas miles de personas, que consideraban opuestos al proceso, a campos de concentración.

Con ese objetivo crearon las Unidades Militares de Ayuda a la Producción, UMAP (1964 a 1967), y los Pueblos Cautivos, habitados por miles de campesinos que fueron desplazados a la fuerza de sus hogares con la prohibición de no retornar a los mismos.

Como referimos anteriormente, en los años 70 las actividades subversivas dentro de la isla disminuyeron radicalmente, pero no desaparecieron, al extremo de que se realizaron actos de sabotajes que terminaron con el fusilamientos de sus verdaderos o supuestos autores.

Un detalle significativo es que a pesar de que muchos hombres y mujeres llevaban más de diez años tras las rejas, un número importante de prisioneros gestaron desde las cárceles conspiraciones contra la dictadura.

Otros muchos que fueron excarcelados volvían a conspirar, por lo que se apreciaba que personas que habían estado en prisión retornaban a la cárcel con nuevas condenas.

En esta época, la mayoría de los procesos por actividades conspirativas eran contra personas que habían ingresado desde el exterior, o los ya aludidos miembros del Servicio Militar Obligatorio.

A veces se producían acciones violentas realizadas por una sola persona o por pequeños grupos que no estaban bien organizados, aunque quizás fue por eso que pudieron cumplir ciertos sabotajes, como fue la quema del teatro Amadeo Roldán, en junio de 1977, y la de la escuela secundaria básica Valdés Rodríguez, en octubre del mismo año.

Todavía en 1984, fueron detenidos en varias partes de la isla personas vinculadas a una actividad subversiva orgánica y de carácter nacional.

Relata Amado Rodríguez, quien había salido de prisión en 1979, después de cumplir 18 años de cárcel, que a partir de 1981 en la provincia de Oriente se organizó un movimiento de concientización ideológica con un proyecto insurreccional de nombre Movimiento Revolucionario Integral Cubano. Este movimiento publicaba un periódico llamado "Somos" y fue desarticulado en 1984, lo que le costó ir nuevamente a prisión.

Según "El Libro Negro del Comunismo", desde 1959 a la fecha han sido fusiladas en Cuba entre 15,000 a 17,000 personas, y más de 100,000 han pasado por la prisión política.

Esa publicación destaca que todavía en 1982, a 22 años del triunfo revolucionario, se fusilaron 200 personas por motivos políticos y también describe el mismo libro que en 1978, 20 años después del triunfo revolucionario, había en Cuba de 15,000 a 20,000 personas encarcelada por delitos de opinión.

Después de largos años de lucha armada, clandestina y guerrillera, se produjo dentro de la Isla una especie de colapso en la oposición al régimen, al extremo que esta parecía que se había extinguido.

Por otra parte, era fácil apreciar que unido al fortalecimiento interno del proceso y su expansión al exterior, disminuía el fervor popular hacia el sistema, que sustituía la falta de apoyo popular con una represión subliminal perfectamente articulada en todo el entramado gubernamental, junto a una acción policial directa, expedita y cruel, cuando las circunstancias lo demandaban.

En estas circunstancias surgió una forma contestaría extremadamente singular, la difusión de los conceptos de los Derechos Humanos, la demanda sistemática y permanente al gobierno de respetar los derechos de los individuos.

Esta forma de lucha tuvo sus pioneros, dos de los más destacados fueron Ricardo Bofill Pagés y Elizardo Sánchez Santa Cruz, pero estos acontecimientos corresponden a otro contar.

En conclusión, consideramos que es necesario destacar una serie de elementos comunes en la mayoría de los movimientos subversivos que se gestaron contra el actual régimen cubano:

Primero.- La inmensa mayoría de la oposición se consideraba revolucionaria y asumió como propios los mártires y propuestas del proceso insurreccional contra el régimen de Fulgencio Batista y Zaldívar. La mayoría de estos movimientos insurreccionales fueron dirigidos por exmiembros del ejército rebelde o de la lucha clandestina contra el régimen de Batista, mucha de su militancia también tenía similares antecedentes políticos. Otro factor que identifica el proceso es que la mayor parte de los activista militaron con diferentes organizaciones, a casi todos lo que más les interesaba era luchar contra la dictadura y no con una agrupación en particular.

Segundo.- Prácticamente todos los grupos reprodujeron miméticamente las formas de lucha: acciones de sabotaje, lucha guerrillera, atentados personales, que habían sido usadas por el Movimiento 26 de Julio, el Directorio Revolucionario y el Segundo Frente Nacional del Escambray.

Tercero.- Prácticamente todos estos movimiento subversivos manifestaban en sus propuestas políticas serias preocupaciones por la Libertad, la Soberanía y la Justicia Social.

Casi todos reivindicaban el discurso revolucionario de la época. Todos dedicaban mucha atención a la propaganda subversiva y de concientización políticas y publicaban folletos y boletines al efecto.

Cuarto.- La mayoría de estas agrupaciones subversivas procuraron alianzas con servicios del gobierno de Estados Unidos, a partir del momento en que se apreció la estrecha vinculación del gobierno cubano con el soviético.

Hay que apreciar que tanto los alzados en armas como quienes ejecutaron los actos de acción y sabotaje, fueron cubanos.

Es válido destacar que hubo movimientos subversivos que

no establecieron relaciones con los servicios estadounidenses.

Es importante hacer constar que el cubano que se asoció a la subversión y en consecuencia a la lucha armada en todas sus manifestaciones, lo hizo al apreciar que el discurso y la acción oficial le negaban sus derechos. Esos individuos, ante tales circunstancias, decidieron reeditar viejas fórmulas que el ciudadano de la isla en más de una ocasión había implementado.

FUENTES:

El Libro Negro del Comunismo., Courtoi, Panne, etc.

FAL.30 de Agosto de 1962. Eudocia Pérez Menéndez.

30 Años Historia de la Seguridad Cubana., Minint Cuba

Conversaciones con José Antonio Albertini, José Adam, Israel Abreu, Orlando Bosch, Fermín Amador Chamizo, José Bello Ferrer, Lino Bernabé Fernández, José Fernández Vera, Ángel Cuadra, Rogelio Cisneros, Héctor Caraballo, Calixto Campos, Rafael Díaz Balart, Reynold González, Hiram González, Roberto Jiménez, Nilo Messer, Alberto Müller, Saturnino Polón, José Ignacio Rasco, Tito Rodriguez Oltman, Amado Rodríguez, Enrique Ros, Enrique Ruano, Rodolfo Santos Lara, Nazario Sargent, Rogelio Villar de Franco

Pedro Corzo.
Miami 03-06-02

La subversión castrista en Venezuela.

Si un fenómeno es cierto en la intrahistoria cubano-venezolano es que el régimen totalitario que padece la isla siempre ha padecido una fuerte atracción por la tierra del Libertador. Tal vez porque el dictador cubano tiene como fijación delirante que su proyecto hegemónico solo puede ser viable el día que la Patria de Simón Bolívar esté sometida a su voluntad.

El primer viaje público del gobernante cubano al exterior fue a Venezuela, pero no fue un viaje de amigos, fue una visita de exploración y conocimiento.

La revolución venezolana de enero cumplía su primer año, la revolución cubana, otro enero de América, daba sus primeros balbuceos.

Pero las dos revoluciones siempre fueron diferentes, porque hubo un gigante, un demócrata, un hombre que no se recuerda como merece, Don Rómulo Betancourt, que fue el primer líder hemisférico que tuvo el coraje político para enfrentar los cantos de sirenas que entonaba Fidel Castro y que encantaron a los pequeños Ulises dispersos por el hemisferio.

Es una verdad histórica que después de la barahúnda de los primeros días, con problemas, sobresaltos y contradicciones Venezuela tomó el rumbo democrático.

Cuba, no. Desde el principio se impuso la Pax Fidelista. Se entronizó el castrismo, que en menos tiempo que el que demanda el suspiro de un pueblo enamorado mutó a un totalitarismo agresivo y expansionista que se correspondía más con la naturaleza del Conductor que con la ideología con la que dos años después se identificó el individuo y el proceso.

En Venezuela, muchas fuerzas políticas reprimidas por el régimen del general Marcos Pérez Jiménez pugnaban por espacios públicos.

Mucha gente de bien, de diferentes ideologías, estaba dispuesta a trabajar por el progreso del país y no pocos de esos hombres y mujeres fueron seducidos por las promesas de construir una sociedad mejor, aunque las herramientas fuesen cánticos de ametralladoras y bombazos.

Estos hombres y mujeres, en su afán de hacer realidad sus sueños no se percataron que se supeditaban a un proyecto extranjero, a cambio de un poco de metralla y una retaguardia en la que parte del entrenamiento consistía en aprender a perder la independencia de criterio.

Es connatural al modelo político cubano la agresión y la provocación. La perenne crisis interna favorece el control doméstico. El régimen se nutre de una dinámica en constante expansión en la que se aprecia la conjugación de la tesis trotskista de la Revolución Permanente y la estalinista del fortalecimiento de un estado autárquico.

Las primeras manifestaciones expansionistas se produjeron en el mismo año 1959. En Cuba se auspiciaron cuatro incursiones guerrilleras contra igual número de repúblicas de nuestro hemisferio: Las dictaduras de Rafael Leónidas Trujillo en la República Dominicana, el Haití de Francois Duvalier, la Nicaragua de Anastasio Somoza y la democracia canalera que en Panamá presidía Ernesto de la Guardia, fueron los objetivos.

En la isla, desde el principio se modificaron las fórmulas marxistas del internacionalismo proletario por la de un nacionalismo expansionista que no dudó en subordinarse a factores extranjeros que coincidían en el proyecto de la toma permanente del poder.

En realidad, el modelo cubano no exporta una ideología sino normas y fundamentos para la toma y conservación del poder. Eso en cierta medida se puede apreciar en la Venezuela de hoy.

Vale destacar que el totalitarismo cubano y las formas de gobierno que inspira se singularizan por su plasticidad. No responden a ortodoxia ideológica y su práctica se caracteriza por un pragmatismo que incursiona en el oportunismo más descarnado.

Puede cambiar de forma pero no de fondo. El principio ético, digamos así, es conservar el Poder sin que importen métodos ni contradicciones, y esa actitud es la que se puede esperar del gobierno del presidente Hugo Chávez, o de cualquier gobernante que le copie, y se inspire en el concepto de la dictadura institucional.

En pocos años después del triunfo del castrismo América Latina era un volcán en erupción.

Las guerrillas y la subversión se hicieron presentes en todo el continente. Cuba era campo de entrenamiento, escuela de preparación política, hospital de retaguardia, sede de conferencias de solidaridad y promoción y fuente inagotable de recursos que incluían desde los más moderno fusiles ametralladores a explosivos de última generación.

En Cuba se entrenaron individuos para el secuestro de aviones y para la preparación y colocación de artefactos explosivos. Ningún país del continente fue excluido de esos actos terroristas. Recordemos la frase de un apóstol de la violencia y el paredón, Ernesto "Che" Guevara: "El odio como máquina de matar y el tableteo de las ametralladoras".

De la isla partían expediciones dirigidas por altos oficiales de las fuerzas armadas cubanas que operaban en países latinoamericanos y que exigían obediencia absoluta a los grupos a los que prestaban apoyo logístico y pertrechos.

Uno de los objetivos prioritarios del totalitarismo cubano fue la penetración de las fuerzas armadas de América Latina y/ o la aproximación política a caudillos militares que accediesen al poder y que sufriesen del morbo del populismo autoritario, como Juan Velasco Alvarado en Perú y Omar Torrijos en Panamá.

Esa penetración en los cuarteles propició que en noviembre de 1960 dos militares guatemaltecos, Marco Antonio Yon Sosa y Luis Turcios Lima, se pronunciaran en Puerto Barrios y Zacapa, e iniciaran un conflicto que se extendió por más de 30 años.

Otros ejemplos de militares supuestamente sensibilizados con los problemas sociales y políticos de sus países, pero que coincidían, sino con los fines sí con las fórmulas de la toma del poder que auspicia el totalitarismo cubano, fueron los levantamientos militares de Carúpano y Puerto Cabello en 1962 en Venezuela, y la llamada "Rebelión de los Fusileros Navales", en marzo de 1964, en Brasil.

En julio de 1964 los servicios de inteligencia de Argentina descubrieron una red de espionaje cubana en los servicios de comunicación del alto mando del ejército y en agosto de 1963 el gobierno de Colombia descubrió un complot auspiciado por Cuba en la base naval de Cartagena.

Con cantos nacionalistas pero con dinero, logística y la hegemonía soviética, se impulsó desde Cuba la creación de organismos como las Organización Latinoamericana de Solidaridad, OLAS, la Osspal, y Conferencias como la Tricontinental.

Soldados cubanos pelearon en Argelia, estuvieron presentes en Siria. Plantaron el imperialismo cubano en gran parte de África, particularmente en Angola y Etiopía.

Miles de cubanos perecieron en esas guerras, sirviendo en cierta medida como carne de cañón a la voracidad del Kremlin, pero más que todo cayeron para lustrar con su sangre y sueños perdidos, la ambición desmesurada de un centurión que llegó en un momento a creerse César.

Pero Venezuela fue siempre la presa más deseada en las ambiciones imperialistas de Fidel Castro, recordemos que el 13 de marzo del año 1967, manifestó en el antiguo Palacio Presidencial en La Habana: "Proclamamos una vez más nuestra simpatía y nuestra solidaridad sin vacilación alguna con los guerrilleros que combaten en las montañas de El Bachiller, con los combatientes que en las ciudades desafían la represión y la furia de la tiranía", algunos de esos combatientes de las ciudades fueron los que asesinaron al doctor Julio Iribarren Borges o estuvieron entre los atacantes del tren del Encanto, donde fueron asesinadas varias personas.

En Venezuela operó el general, hoy fusilado, Arnaldo Ochoa, el también general Raúl Menéndez Tomasevich y los oficiales José Bouza y Ángel Frías, junto a varios más.

Pero no hay otra forma mejor que una breve muestra de la

sangre que el castrismo derramó en Venezuela y de la cual son cómplices aquellos que prometen imponer en ese país el modelo que rige desde hace décadas en la isla de Cuba:

26 de Julio de 1960: El encargado de negocios de Cuba en Caracas de nombre León Antich encabezó una manifestación que apedreó la catedral de la capital. Posteriormente fue acusado de distribuir 400,000 dólares para impulsar una conspiración contra el presidente Rómulo Betancourt.

1961: Las autoridades venezolanas ocuparon 500 ametralladoras de fabricación checa junto a propaganda castro comunista.

1962: Un lote de armas con el escudo de las Fuerzas Armadas de Cuba fue ocupada en las playas del estado de Falcón.

Noviembre 11 de 1963: En la península de Paraguanà se ocuparon tres toneladas de armas que procedían de Cuba. Meses más tarde se le incautaron a guerrilleros venezolanos armas belgas con el escudo de las fuerzas armadas de la Isla.

Junio 24 de 1966: Un grupo expedicionario compuesto por unas 40 personas, entre los que estaban trece individuos de nacionalidad cubana, entre ellos el fusilado general Arnaldo Ochoa Sánchez y el también general Leopoldo Cintas Frías –ambos fueron posteriormente jefes de las fuerzas de ocupación cubana en Angola– desembarcaron por Tucacas. El propio Castro despidió a los expedicionarios a su salida de Cuba y le entregó a los jefes relojes Rolex.

Ocho de mayo de 1967: El pesquero cubano de nombre "Sierra" lleva hasta las proximidades de Machurucuto y Boca de Uchira, una fuerza invasora integrada por cubanos y venezolanos. En el enfrentamiento murió Antonio Briones Montoto y fueron capturados otros dos militares cubanos: Manuel Gil Castellanos y Pedro Cabrera Torres.

1969: Una treintena de venezolanos que habían recibido entrenamiento en Cuba en el llamado "Punto Cero", desembarcaron en Venezuela para derrocar al gobierno del presidente Rafael Calderas. Todos fueron abatidos por el ejército venezolano.

Sin embargo, a pesar de toda la sangre derramada por el fuego y la metralla, el proyecto castrista en Venezuela no prosperó.

Cierto es que después de la desaparición de los presidentes Rómulo Betancourt y Raúl Leoni, el liderazgo venezolano en la lucha contra el totalitarismo castrista prácticamente desapareció, pero aun así la nación venezolana y sus líderes repudiaban un modelo político que estaba en contra de sus convicciones democráticas.

Pasaron años, y cabe la posibilidad de que las alianzas forjadas en los cuarteles venezolanos varias décadas atrás, fuera la gestora de las bases que en el presente enrumban la patria del Libertador al mar de la felicidad sin aguas ni peces, en el que se ahoga el pueblo cubano.

Hoy la alianza entre los dos gobiernos es aparentemente sólida, pero realmente el único favorecido es el gobernante de la isla, porque sin tener que remontarse al desierto y sin profesar el islamismo, el presidente Hugo Chávez le ha proveído de un paraíso de leche y miel al que no acceden los cubanos, pero que sí le hace posible al castrismo conservar el poder.

Esta es a grande trancos la historia de la subversión totalitaria de Cuba en América, y particularmente en Venezuela. Un apretado recuento de un totalitarismo agresivo y mesiánico que ataviado de un falso nacionalismo, auspició y auspicia un catálogo de fórmulas que no han cesado de generar inestabilidad en el hemisferio.

Porque, aunque en el presente el fragor del conflicto haya disminuido, eso no significa que la guerra haya terminado. La subversión no ha desaparecido. Solo ha cambiado de forma.

En el presente, la tesis en boga para la toma del poder no es la guerrilla o la subversión sino el "Caos Social", que otros denominan como "Guerra Social" y que es la asociación de una nueva extrema izquierda con algunos remanentes de la histórica y experimentada insurgencia de la "Guerra Revolucionaria" de los años 60 y 70.

En base a esta nueva estrategia, los enemigos de la democracia están trabajando y se proponen, tomando como referencia los cambios sociales y políticos que han tenido lugar en los últimos años, lo siguiente:

Primero. Promover por medios de conflictos sociales de intensidad variable la inestabilidad de las democracias. Ejemplos: La renuncia del presidente de Argentina Fernando de la Rúa, en diciembre del 2001, la caída del gobierno de Sánchez de Losada en Bolivia en el año 2003, los serios conflictos sociales en Ecuador, etc.

Segundo. Impulsar las propuestas más demagógicas que pueda auspiciar el populismo más irracional.

Tercero. Búsqueda, formación y entrenamiento de nuevos líderes que puedan sustituir a los democráticamente elegidos.

Cuarto. Se percibe la intención de gestar y/o desarrollar una alianza que con un discurso de corte ultra nacionalista esté capacitada para coordinar actividades de movimientos e instituciones de ideologías diferentes pero que coinciden en el propósito de tomar el poder para establecer regímenes no democráticos.

Apreciemos que en los últimos años las justas reivindicaciones de los movimientos indigenistas están trascendiendo las fronteras nacionales y también están siendo usados por caudillos que manipulan las frustraciones y el razonable resentimiento que padecen esos pueblos y muchos ciudadanos del continente.

Quinto. Por otra parte, los factores interesados en la desestabilización se identifican con un enemigo común. Un denominador que les une. Un doble símbolo sobre el cual descargar odios y amarguras. Un ente a exorcizar que confunde un país, Estados Unidos, con un fenómeno mundial que es lógica consecuencia del desarrollo y la natural interdependencia de los pueblos, "La Globalización".

Los que promueven esta forma de lucha, más que reivindicar los derechos nacionales o exportar un sistema ideológico, propician la constitución de estados fundamentalista en lo que concierne a la intolerancia y totalitarios en lo que atañe a la forma de ejercer el gobierno.

Hay quienes afirman que el llamado proyecto post-totalitario es una asociación nefasta de conceptos marxistas y fascistas que facilitan un férreo control político y económico del país en el que accedan al poder. Una dictadura perfecta.

El uso de conceptos marxistas para controlar la sociedad, más el capitalismo de estado y la creación de una clase económica subordinada al gobierno, es el modelo a imponer por caudillos como Hugo Chávez, y al que en un futuro próximo el régimen cubano tendrá que sumarse como consecuencia del fracaso del socialismo real.

Marzo. 2000
Miami, 8 de noviembre, 2007.

LA HERENCIA TOTALITARIA

Sociedad: Derechos y Deberes.

Cuba es un pequeño país con escasos recursos, sin embargo, gracias al esfuerzo y talento de su población, alcanzó un desarrollo social y económico superior al de muchas otras naciones del hemisferio, un progreso que superaba al de repúblicas más grandes y de mayores recursos, y una presencia política mundial significativa que tal vez de haber sido menor, habría favorecido en términos de bienestar y derechos a la nación.

Posiblemente fue la primera república del hemisferio en aceptar la doble nacionalidad. El primer presidente, Don Tomas Estrada Palma, héroe de 30 años de lucha, era también ciudadano de otro país.

La proximidad geográfica y los estrechos vínculos con Estados Unidos fueron factores determinantes que impusieron una impronta singular en el desarrollo político, económico y social de la isla, aunque no siempre beneficiosos.

El país se había dado una ley Fundamental en 1940, que reconocía, entre otros mucho derechos, los siguientes: jornada laboral de 8 horas, Seguro Social Obligatorio a favor de los trabajadores, libertad sindical, derecho de huelga, la contratación colectiva con carácter obligatorio y seis años antes se había aprobado el sufragio femenino[31].

Algunas de estas disposiciones no se habían implementado pero eran evidentes los progresos sociales y económicos que

---

[31] Salvador Villa. "Cuba Cenit y Eclipse" Venezuela. 1976. Es importante aclarar que algunas de las disposiciones constitucionales no se cumplían pero demuestra una preocupación y el fundamento legal para resolver los problemas que existían en el país. Obra citada

había logrado el país

Estos fueron, entre otros, algunos de los factores que más afectaron un desarrollo armónico de la nación cubana.

Primero: Presencia dominante del caudillismo en la gestión política nacional.

Segundo: Falta de conciencia ciudadana en el cumplimiento de los deberes cívicos.

Tercero: Inclinación a resolver los problemas nacionales con revoluciones que las más de las veces no pasaron de revueltas intrascendentes generadoras de escándalos e inestabilidad.

La aclaración es válida porque, a pesar de la historia, el cubano no es particularmente violento. Si miramos el pasado de nuestro hemisferio podemos apreciar que en muchos países del área la violencia y la inestabilidad han hecho tanto o más acto de presencia, que en la Isla.

Cuarto: La tendencia de nuestros líderes, y no solo de los políticos, a introducir en la gestión nacional agentes políticos extranjeros. Por eso varias potencias extranjeras han cumplido un rol fundamental en la política de la isla: España, Estados Unidos y la extinta Unión Soviética.

En el presente, Venezuela se ha convertido en una especie de fiel de los poderes en la isla, según muchos analistas. A todo esto hay que sumar la propensión al mesianismo de numerosos líderes cubanos que cumplen o cumplieron un papel protagónico en la vida nacional.

En nuestros primeros 56 años como nación libre padecimos regímenes de fuerza. Hubo abusos de autoridad, crímenes, pandillerismo, inestabilidad y corrupción, sin embargo, en 1958, antes que el gobierno castrista asumiera el poder, el país contaba con una sociedad civil con imperfecciones pero en desarrollo.

Habían numerosas instituciones empresariales, gremiales, sociales y un movimiento sindical que agrupaba a 1.353.000 afiliados en 2000 sindicatos y 33 federaciones sindicales[32], y una base legal, la Constitución de 1940, que aunque interrumpida por el golpe militar del 10 de marzo, era un referente importante para la reconstrucción del país.

Sin embargo, a pesar de lo logrado en tan poco tiempo, la situación cambió por completo a partir del 1 de enero de 1959, lo que demostró que la estructura sobre la que se sostenía el país era evidentemente frágil, porque se quebró con facilidad, lo que indicaba que detrás de los problemas económicos y políticos conocidos, subyacía uno más grave: la ausencia de una firme conciencia ciudadana de derechos y deberes.

Evidentemente que el totalitarismo encontró terreno fértil donde germinar, pero nunca antes la crisis de valores y los problemas de identidad nacional que en el presente padece el pueblo de Cuba, han sido más profundos que después del establecimiento del castrismo.

El oportunismo, la mentira, la corrupción y otros muchos problemas eran padecimientos de la sociedad, pero el hacer de la vida diaria una práctica carnavalesca y de la simulación una ciencia para vivir mejor o simplemente sobrevivir, han corroído varios de los fundamentos más sólidos de la comunidad nacional

El profesor Juan Clark[33] describe en su obra magna, "Cuba, Mito y Realidad, Testimonios de un Pueblo", cómo el nuevo régimen fue controlando el movimiento sindical, los medios de comunicación, el históricamente contestatario e independiente movimiento estudiantil, y el resto de las instituciones de la sociedad civil.

Clark expone cómo la empresa privada[34] que había demostrado estar dispuesta a colaborar con la Revolución, fue extinguiéndose según las autoridades adquirían un mayor control y

---

[33] Juan Clark, destacado académico cubano. Impartió clases en varios centros de estudios estadounidenses y sus obras de investigación son importantes referentes para estudiar la situación cubana.

[34] Juan Clark, "Cuba, Mito y Realidad". La Asociación de Industriales de Cuba había planteado donar el 50 por ciento de las utilidades de sus empresas para el desarrollo del país. El magnate azucarero Julio Lobo entregó en marzo de 1959 al ministro de Hacienda, Rufo López Fresquet, la cantidad de 450,000 dólares como anticipo de impuesto a las utilidades y le manifestó su intenso deseo de cooperar con el proceso revolucionario.

dominio sobre la economía.

Las bases culturales y morales de la nación, como parte de un Plan Nacional que pretendía recrear la conciencia ciudadana, fueron quebradas para introducir nuevos valores y dogmas.

La religión se convirtió en delito y, por lo tanto, el que la practicaba era un paria; la historia se reescribió y los referentes patrióticos se pusieron al servicio de la nomenclatura. Una especie de nueva devoción impuso sus propias tradiciones, cultos, lutos y fiestas.

El régimen hizo pública su intención de crear un Hombre Nuevo, para lo que introdujo nuevos ordenamientos en la educación, vedándoles a los padres el derecho de participar en la formación de sus hijos. También alejó a los educandos de sus respectivos hogares, disminuyendo la influencia que de este se derivan.

La escuela también fue cuartel y centro de adoctrinamiento. Las nuevas generaciones crecieron rápidamente en un ambiente de triunfalismo en el que la frontera la definía también la frase "con la Revolución todo, contra la Revolución nada".

Paradójicamente, el chauvinismo que impulsó el oficialismo de que Cuba y lo cubano era mejor y superior, fue transformándose en un profundo sentimiento de frustración, según el individuo iba viviendo los fracasos y padecido las contradicciones del régimen.

La inmensa mayoría ciudadana, que se había comprometido con el proceso, paulatinamente se percató de su error y junto a la rectificación se produjo una gran frustración y un masivo desencanto ciudadano en lo que respecta a cumplir los deberes con la comunidad.

El hombre de la calle se quedó de pronto sin los sostenes teóricos que por décadas le habían insuflados la dictadura castrista. Se percató que había crecido y formado en un ambiente en el que las consignas sustituían a los pensamientos y la mentira se convertía en verdad y en poco tiempo volvía a ser mentira.

Comprendió que todo era una gran farsa y que la prometida igualdad era otra promesa dentro de la gran estafa.

El miedo y la conveniencia sustituyeron el concepto del derecho personal y el respeto a la comunidad y a los individuos que la integran.

Un amplio sector del país se conduce con el individualismo más feroz, practica el cinismo más ramplón y conforma una masa coloidal que se adapta a la situación que menos esfuerzo le demande, sin importarles que como comunidad continua sirviendo los intereses de minorías privilegiadas.

Se estableció una nomenclatura que ha disfrutado sin interrupción del poder absoluto y de las prerrogativas que de él se derivan.

Se instituyó una aristocracia artística, deportiva e intelectual en la que cualidades notables estaban siempre supeditadas al compromiso político.

Las Fuerzas Armadas rindieron tributo a un Ejército y Nación extranjera. El movimiento obrero se transformó en empresa del estado. La delación se institucionalizó.

En fin, la República pasó a ser el coto privado de un hábil mayoral por la maldad, envilecimiento, complicidad e ingenuidad culposa de unos y a pesar del valor, la entrega y desinterés de otros.

El Hombre Nuevo es un individuo sin fe ni esperanzas en la sociedad.

Sin importarle la frontera en que haya estado, los sacrificios aportados o en la orilla que vegete, nada le interesa, porque la frustración es su compañía más fiel. Puede que no haga daño, pero su disposición a hacer el bien pasa la mayoría de las veces por el meridiano de sus intereses. Desconfía hasta de una sombra dormida. Considera que el mundo le obsequió todas las angustias y vive para sí y sus intereses más preciados. Acata la autoridad pero no la respeta. Se cree merecedor, pero nunca es dador. En fin, en su corral o en su concha, el hombre nuevo gestado por el totalitarismo se encierra para no participar en el funeral o nacimiento de un nuevo proyecto nacional.

Por supuesto que el envilecimiento del tipo que sea es potestativo de quien lo ejecuta. El acto de repudio, el abucheo, la golpiza, el hostigamiento, son acciones voluntarias que practica el sujeto activo por su conveniencia y muy pocas veces por sus convicciones

La falta de decoro ha descarriado vasta y profundamente la Nación. Innumerables familias se separaron por la política y no pocas llegaron a odiarse por igual motivo.

El fanatismo primero y la miseria crónica después, sacaron a relucir lo más sórdido de muchas personas y paradójicamente, el posterior arribo de familiares y amigos previamente repudiados, con verdaderas o supuestas riquezas, provocó en algunas familias más discordia que concordia.

La crisis es raigal y se comprueba con una frecuencia desesperante. El ansia de consumo, producido por una persistente y aguda escasez, va más allá de la satisfacción de una necesidad. La estafa, la venta fraudulenta, la vulgarización del lenguaje y las costumbres, la masificación del ciudadano, hizo desaparecer al individuo y por consiguiente la privacidad.

El pudor se escabulló en la promiscuidad y la prostitución, presente en toda sociedad, pero siempre cuestionada, se reconcilió con la comunidad para ser aceptada como una práctica común, porque lo importante es "sobrevivir", sin que interese lo que se dé o haga a cambio.

Bajo esas normas se fue construyendo un mundo nuevo muy diferente al que habían forjado nuestros padres y abuelos.

El mundo cubano cada día se hizo más cruel y una de sus consecuencias fue la casi extinción de los sentimientos de solidaridad.

La norma, para muchos, fue y es tomar la ruta más breve, fácil y productiva a cualquier parte, sin importar las concesiones que hubiera que hacer.

El campesino vende su cosecha a precios prohibitivos. En el mercado negro se ofertan innumerables objetos, incluido comestibles y servicios, que en ocasiones superan los mejores salarios.

Evadir el trabajo es para muchos una acción política de bajo riesgo, pero para otros un subterfugio de un compromiso en una sociedad que se desmorona, y de ahí a la vagancia no hay frontera perceptible.

Un número considerable de ciudadanos creados por el experimento social castrista, no tiene Patria y es sin duda el espécimen más peligroso para la sociedad futura de la Isla.

Estos individuos están en el país y en el exterior, con el gobierno o en su contra, pero fingiendo una posición de la que esperan obtener algún provecho o legitimidad futura.

A otros individuos el ensayo les ha agotado el sentimiento de Nación y en unos terceros el fin de la utopía y privilegios, les ha causado una epidemia de apostasía tan febril, que han cambiado el Kremlin por la Casa Blanca, sin cargos de conciencia de ninguna especie.

A estas realidades individuales y colectivas presentes en la sociedad, en la que cada uno expresa las variantes que la infinita condición humana es capaz de imaginar, se suma la terrible herencia de la dependencia política.

En el presente, la influencia estadounidense en la vida nacional es más determinante que en ningún otro período de la historia, porque al transterritorializarse el sentir cubano, es más fácil que los valores culturales y éticos sean penetrados o influidos por factores externos, al punto de poner en riesgo la integridad de la Nación.

En la Isla se concretó un opresivo silencio sobre los presos y los muertos que gestaba el castrismo. Sobre la discriminación, vejámenes y ofensa a la familia de quienes se oponían al sistema[35].

Cerrar los ojos ante la angustia del vecino, ser cómplice en silencio o en activo, repudiar al que hacía lo que tal vez el individuo deseaba realizar en la confianza de recoger las migajas que el otro perdía, fue una práctica diaria en incontables personas.

Un amplio sector de la sociedad se convirtió en cómplice de los depredadores de oficio, haciendo a veces dejación de sus propios derechos, sin percatarse del suicidio social en que incurrían.

La corrupción[36], un mal ya presente en la Cuba republicana,

---

[35] Juan Clark. Obra Citada. El profesor e investigador afirma que en Cuba se constituyo otro paredón, "el de la ejecución moral de un ciudadano ante el paredón de la opinión pública".

el abuso de poder y el cisma provocado por la sectarización moral e ideológica de la Nación han alcanzado niveles nunca imaginados. Décadas de régimen totalitario han esparcido una dolorosa sombra en el presente, y prometen un angustioso alumbramiento de futuro.

En estos años se ha construido una sociedad, como se ha referido con anterioridad, orientada al sectarismo y a la intolerancia.

El sistema totalitario es el principal responsable de la corrosión moral que amenaza extenderse a toda la Nación, porque desde el primer día inoculó el odio y oficializó la venganza. Acabó con la fortuna de los ricos, para distribuir mejor la miseria.

En la Isla, el extranjero se transformó en primer ciudadano de un país extraño. En los inicios, el privilegio se sustentaba en la política, hoy en dólares o en ambos atributos.

En las dos orillas hay quienes miran con avidez la bandera de las barras y las estrellas y quienes anhelan un cambio para entrar a bolsa sin fondo en la nueva república. Sobran los que sólo se preocupan por su proyecto personal y aquellos a quienes les sabe a hiel todo lo que no produzca beneficios directos.

La "moral socialista" se impuso. El hombre nuevo que prometieron Ernesto Guevara y Fidel Castro es una realidad tan verdadera, que son la única heredad teórica del fidelocastrismo.

ECONOMÍA

Una ojeada al pasado, sin pasar por alto los muchos problemas descritos en las anteriores páginas, permite apreciar que Cuba se había convertido en la quinta economía de América y ocupaba el lugar número 22 a nivel mundial en ese mismo rango, actualmente se encuentra entre los cuatro países más pobres del

---

[36] El Ministerio de Comercio Interior de Cuba reconoció en su asamblea de balance anual, 2005, que el número de delitos económicos creció en ese periodo. BBC, Mundo, febrero 27. 2006

hemisferio americano[37].

En 1958 era el tercer país del continente con mayor solidez monetaria por sus reservas de oro, dólares y valores convertible. En la actualidad el peso cubano no tiene prácticamente ningún valor.

La alfabetización en la isla era del 78 por ciento y sus índices de salud se situaban al nivel de los de una nación desarrollada.

En 1958, Cuba era el país que dedicaba mayor porcentaje del gasto público para la educación, con el 23 por ciento, Argentina tenía el tercer puesto con el 19.6, México el séptimo con 14.7 %.

Sin dudas que había muchos problemas pendientes, pero entre 1943 al 1957 se duplicaron las escuelas rurales públicas, 4,924, y se incrementaron en un 50 % las urbanas para 17,560[38].

La educación privada, incluyendo la religiosa, prohibida a partir de 1961, estaba representada por 1700 escuelas y servía a 200,000 alumnos[39]. Los padres podían libremente seleccionar la escuela a la que iban sus hijos y determinar si recibirían o no educación religiosa.

En 1953, países como Holanda, Francia, Reino Unido y Finlandia, contaban proporcionalmente con menos médicos y dentistas que Cuba.

En 1958 había 64,231 médicos en ejercicio de la profesión y en número de habitantes por médicos, Cuba ocupaba en Latinoamérica, con 980, el segundo lugar[40], superada por Argentina con 840. México tenía el sexto puesto con 2,200 y Brasil el séptimo con 2,500.

En habitantes por dentista Cuba ocupaba en 1958 el tercer lugar en América[41]. En el índice de mortalidad infantil por millar de nacidos, Cuba ocupaba el primer lugar siendo la más baja en toda Latinoamérica[42].

---

[37] Unión Liberal Cubana CIA The World FactBook.
[38] International of Education, UNESCO.
[39] Salvador Villa. Op. Cit.
[40] Statical Year Book United Nations, 1959.
[41] Ídem.

La capacidad de importación en 1958 llegaba al 66%. Funcionaban en la isla en ese año, 48 bancos comerciales, la mayoría de capital nacional, con 273 sucursales.

Tenía la inflación más baja de Latinoamérica con 1.4%, la media era de México con 7.8 y la más alta Bolivia con el 63 por ciento. Ocupaba el cuarto lugar a nivel mundial en recibir el mayor porcentaje de remuneración por obreros y empleados en relación con el ingreso nacional[43] en 1958:

1.-Gran Bretaña con el 74%

2.-Estados unidos con el 71.1 %

3.-Canadá con el 68.5 %

4.-Cuba con el 66 %

5.-Suiza con el 64.4%

En lo que respecta al uso de energía eléctrica, de acuerdo a la tabla Ginsburg, que incluía 124 países y que fue preparada usando los datos reunidos en escala mundial por la Conferencia Internacional para el Uso Pacífico de la Energía Atómica que se reunió en Ginebra, Suiza, en 1955, la isla ocupaba la posición 25 entre los 124 países estudiados.

Consumía 11.8 megavatios horas anuales per. cápita, siendo la media del consumo mundial 1º Mgv/h. y tenía la primera posición en consumo en Latinoamérica seguida por Venezuela[44].

El país contaba con 0.86 cabezas de ganado vacuno por habitante, el octavo lugar en Latinoamérica.

En la producción de carne (vacuna, porcina y lanar) en libras por habitante, tenía el tercer lugar en Latinoamérica, con 95 libras, superadas solamente por la Argentina con 304 y Uruguay con 245. En consumo de pescado fresco Cuba ocupaba el primer lugar en América con 5.6 libras, seguida de los Estados Unidos con 5.4.

En consumo de calorías en 1958, ocupaba el tercer lugar en América Latina. Cuba, con 2,682 per cápita al día, superaba en un 10% lo que establecía la FAO. Con un 95% de tierras culti-

---

[43] Salvador Villa, obra citada - Unión Liberal Cubana. CIA The World Fact-Book.
[44] Salvador Villa. Obra citada.

vables antes de 1959, existía una alta productividad del campo.

En el número de habitantes por teléfono, uno por cada treinta y ocho personas, Cuba, en 1958, estaba en el tercer puesto en América. En la actualidad ocupa el penúltimo lugar en teléfonos por personas[45] en el continente.

En el número de habitantes por automóvil, excluidos los oficiales, Cuba ocupaba el tercer lugar en América con 27.3. Existían 12 empresas interprovinciales de ómnibus con una unidad por cada 1,487 personas y en la capital rodaba un autobús por cada 527 habitantes.

En relación con su superficie, Cuba era el país de América, incluyendo Estados Unidos, que poseía mayor longitud de vías férreas.

En persona, por radio-receptor en América, era el segundo país con 5.0.

En habitantes por televisor, ocupaba el primer lugar con 18

En número de radioemisoras, en América, ocupaba el tercer lugar con 160.

En número de estaciones transmisoras de televisión, en 1958, tenía el tercer lugar con 23. Una de ellas trasmitía en colores en 1958.

En salas de cine, 600, y en relación a los habitantes ocupaba el segundo lugar en América.

Circulaban 58 diarios, y en la impresión de ejemplares por habitantes, ocupaba el segundo lugar en el continente. También se publicaban 126 revistas o semanarios, entre ellas algunas de circulación internacional como "Bohemia", "Carteles" y "Vanidades".

El salario diario promedio en el sector industrial en 1958 era:
 1.- Estados Unidos $16.80
 2.- Canadá $11.73
 8.- Cuba $6.00
 10.- Inglaterra $5.75
 12.- Alemania Federal $4.13

El obrero cubano gozaba desde 1933 de la jornada máxima de trabajo de 8 horas al día, con 44 horas a la semana y pago de 48 horas. También, por ley, se confería a todos los trabajadores un mes de descanso retribuido por cada once meses de trabajo. Por la Ley 5, de 1955, se les concedió a los trabajadores del transporte público la jornada de seis horas de trabajo con el pago de ocho horas.

En justicia histórica, es prudente aclarar que no todos los empresarios e industriales cumplían estas disposiciones que estaban expresas en legislaciones vigentes en la época. La violación a las regulaciones era una práctica dolorosa en la que incurrían algunos empresarios.

Por supuesto que estas cifras no pueden ocultar la marginación que sufría una gran cantidad de ciudadanos y las injusticias sociales existentes, incluyendo las raciales, de que eran objeto en algunos sectores un número importante de ciudadanos.

La Isla no era un paraíso ni se aproximaba a serlo, pero evidentemente las estadísticas expuestas reflejan el esfuerzo y el talento de las generaciones que hicieron posible que la República progresara notablemente en pocos años.

Fue el establecimiento de un poder totalitario el que con dujo a la república a la bancarrota moral y económica.

Estas últimas décadas de nuestro devenir como Nación han sido sin duda las peores, en términos económicos y sociales, pero en el aspecto humano, el más importante, nuestro país ha sufrido como nunca antes.

En 1958 las reservas monetarias ascendían a 387 millones de dólares, en la actualidad la deuda nacional, solo al llamado Club de Paris y a otras naciones entre las que está la pequeña Trinidad Tobago, pasa de los 13,288 millones de dólares[46].

Con el desaparecido bloque soviético el compromiso supera los 22 mil millones de rublos transferibles.

En 1958, la república tenía un adeudo de 48 millones dólares, que al valor actual son aproximadamente 315 millones de la mo-

[46] Cuba Transition Project. Institute for Cubans and Cubans Americans Stud-

neda estadounidense.

Por otra parte, especialistas en asuntos financieros calculan que el monto total de dinero que la antigua URSS le aportó al régimen de Castro se aproxima a los cien mil millones de dólares, cuatro veces lo que Estados Unidos designó para el Plan Marshall, que tuvo como fin la reconstrucción de Europa.

Los promovidos progresos del totalitarismo cubano: deporte, educación y salud, no se basaban en la capacidad del sistema para generar crecimiento económico de manera sostenible sino en los cuantiosos subsidios que recibía el país. Se acabaron las contribuciones y el milagro social se desplomó.

En la actualidad, la economía continúa siendo parásita, mendiga, dependiente de la generosidad de otros países como Venezuela y China.

La tímida liberación económica de mediados de los 90, fue impuesta por la profunda crisis que enfrentó el país cuando faltó el apoyo de la URSS y no por la convicción de la dirigencia, de que había que producir cambios estructurales para que el país progresara.

La producción azucarera, otrora la industria más importante, ha caído a niveles que no tuvieron precedentes en el pasado siglo XX, cuando el país se convirtió en la azucarera del bloque soviético.

El economista independiente Oscar Espinosa Chepe señala: "El colapso de la producción agro-azucarera desarrollada, durante siglos mediante la ardua e inteligente labor de muchas generaciones, ha sido ocasionado por la falta de previsión y la mala gestión ejecutada durante decenios".

En el 2003, el gobierno cerró 71 de los 156 ingenios azucareros y redistribuyó un 60 por ciento de las tierras destinadas a las plantaciones de caña para otros cultivos. La producción del año 2005-06 sólo alcanzó un millón trescientas mil toneladas[47]. En el presente se está tratando de recuperar la industria, lo que de-

---

47 Jorge Salazar Carrillo. "Cuba en 1960, produjo aproximadamente 6 millones de toneladas de azúcar y en 1959 exportó solo a Estados Unidos, 3,215,000 toneladas. *El Nuevo Herald.* 12-23-06

muestra cómo varían los objetivos de quienes dirigen la economía del país.

Oscar Espinosa Chepe, en su condición de analista independiente de la economía cubana, publicó en Cubanet un artículo que reproducimos parcialmente: "Aunque oficialmente se anunció en el 2005 un crecimiento económico del 11.8% del Producto Interno Bruto, la realidad no compagina con el crecimiento anunciado (…) En el primer semestre del año existió un decrecimiento del 4% en la generación de electricidad, y aunque no se han brindado datos sobre la segunda parte del año, todos sabemos de la abundancia de cortes eléctricos, los conocidos apagones. ¿Cómo explicar entonces un crecimiento del 11.8% con la reducción de las disponibilidades de energía eléctrica, elemento básico e indispensable para la materialización de cualquier actividad de producción y servicios?... La producción de petróleo y gas disminuyó en 3.7% y la importante producción niquelífera mantiene niveles similares a los del año 2004. (…) Se anunció una caída productiva equivalente a 15 millones de quintales de viandas y otros cultivos, se dejaron de producir 77 millones de litros de leche, y se perdieron 57 mil toneladas de frijoles[48] (…) El fondo habitacional se redujo en 2005 en términos absolutos por tercer año consecutivo (…) Se anunció la construcción de 39,261 viviendas, cuando sólo por los efectos del huracán Dennis se destruyeron 28,082 (…) Se reconoció oficialmente que la distribución racionada de alimentos para toda la población, a precios subsidiados, garantiza aproximadamente la mitad del consumo de calorías per cápita de los cubanos[49] (…) Otro de los incrementos anunciados es el del transporte, a un 7.7% en 2005. En la populosa ciudad de La Habana, donde en 1989 se realizaban 30

---

[48] La FAO, Organización para la Agricultura y la Alimentación, otra organización especializada de Naciones Unidas, en su informe "El Estado de la Inseguridad Alimentaria en el Mundo del año 2001", Cuba estaba situada entre los países de América Latina con la más alta tasa de desnutrición, con 1.9 millones de personas en esas condiciones.

[49] En Cuba se estableció una libreta de racionamiento en 1962. Por medio de ella se compran alimentos, aunque nunca la cantidad es suficientes para satisfacer las necesidades básicas del individuo.

mil viajes de ómnibus estatales diarios, con una calidad deficiente, para una transportación diaria de 3.5 millones de personas, en 2005 se redujeron a 550 mil los usuarios, con un peor servicio y precios radicalmente más elevados (…) Respecto a la ejecución del presupuesto nacional, este año el saldo negativo anunciado llega a 1,950 millones de pesos, lo cual representa un crecimiento del 37.4% en relación con el presupuesto ejecutado el año 2004 (...) Los ingresos del Estado debieron de crecer mediante los gravámenes impuestos en octubre de 2004 a las remesas en dólares y la apreciación unilateral del peso convertible frente a las monedas extranjeras en 2005."[50]

Proyectos faraónicos como "El Cordón de La Habana", la desecación de la Cienaga de Zapata, el "café Caturra", los planes genéticos que incluían vacas enanas o vacas capaces de producir cien litros de leches diariamente, los pedraplenes para proyectos turísticos que sólo disfrutan los extranjeros, entre otros, son la confirmación del delirio de una dirigencia que pensó que podía controlar la naturaleza a su voluntad.

La explotación irracional de los recursos no renovables y el abuso de fertilizantes han afectado seriamente el medio ambiente, lo que ha ocasionado que se generen zonas desérticas y se padezcan severas sequías.

Por todo lo anterior, la herencia totalitaria en el aspecto económico es la quiebra del país, pero en el moral y espiritual es la destrucción casi completa de nuestros fundamentos como Nación.

Nuestro ser nacional ha quedado profundamente afectado y la recuperación no sólo va a demandar el mayor de los esfuerzos sino también mucho de solidaridad y comprensión.

La tarea será ardua, difícil, pero no queda otra alternativa que aceptar el reto y andar juntos con nuestras respectivas culpas y errores si queremos reconstruir la República.

Miami, enero, 2006.

---

50 Cubanet. Martes 10 de enero 2006.

La Concertación Totalitaria.

Es evidente que fuerzas políticas, algunas de ellas presentes en diferentes gobiernos, tienen una inclinación al control absoluto del poder.

El hecho de que las condiciones del mundo moderno no lo hagan posible, o lo dificulten en extremo, no significa que su utopía, su proyecto ideal para establecer una sociedad de valores absolutos haya declinado. Trabajan para cambiar al mundo, lo hacen con denuedo, mucha voluntad, y lamentablemente a veces tienen éxito.

Pero, por supuesto, a esa voluntad totalitaria hay que sumar el oportunismo y simpleza de pensamiento y acción de no pocos de los que se le oponen.

La oposición al totalitarismo a veces queda por debajo de sus posibilidades. Le afectan infinidad de factores: ambiciones personales, intereses políticos, espíritu sectario, aliados inseguros y la miopía estratégica de la que adolecen algunos dirigentes democráticos.

Ejemplos abundan.

Fidel Castro tiene un control total de la sociedad cubana. Su autoridad es tan intensa y extensa que en muchas ocasiones reflejos de la misma son absorbidos por los que están fuera del país. La capacidad de intimidación del régimen cubano trasciende las fronteras. También su capacidad de premiar, con privilegios o prisiones, es un factor que logra controlar a la mayoría de aquellos que no están de acuerdo con sus propuestas y acciones.

Por décadas, sin importar la situación económica del país ni las condiciones de vida de la ciudadanía, el régimen ha sido pródigo con aliados extranjeros reales y potenciales.

La dictadura ha sido capaz de generar una clientela política, de estructurar movimientos afines que en foros internacionales y en gestiones políticas en diferentes países han podido orquestar instrumentos de presión que favorecen al régimen de La Habana.

Sí es una realidad que las campañas desestabilizadoras que patrocinó Fidel Castro en las décadas de los 60, 70 y 80 fracasaron, también es cierto que esas actividades le proporcionaron contactos y relaciones bien comprometidas con un proceso que favorece el establecimiento de sociedades iguales o similares a la que existe en Cuba.

Un ejemplo de la sobrevivencia de aquellos nexos iniciales fue el Foro de Sao Paulo, que aunque no pasó de ser un pálido reflejo de lo que promovía, permitió que la caballería antidemocrática y contraria a los valores occidentales corriese por los campos y ciudades latinoamericanas agitando la vieja bandera de cambios a un mundo más justo, un mundo en el que en realidad todos pierden derechos y se iguala la pobreza.

Otro experimento fue el Foro Social de Porto Alegre, menos agresivo, pero muy útil en detectar factores que pudieran ser usados en actividades más comprometedoras. Ese Foro, interpretando el nuevo discurso, estaba impulsando una Coordinadora Andina de Indígenas que podría convertirse en un eficiente instrumento de desestabilización.

Recientemente, indígenas de Argentina, Bolivia, Chile, Colombia, Ecuador, Perú constituyeron la Primera Coordinadora Andina de Organizaciones Indígenas de América del Sur[51]. La institución creada en un congreso que se celebró en Cuzco, hizo acto de presencia por medio de un comunicado llamado "Declaración de Cuzco".

La agenda que promueve la Coordinadora se expresa contra el libre comercio y todos los aspectos que se identifican con la Globalización. También en su momento hicieron un llamado de solidaridad con los gobiernos de Cuba, Bolivia y Venezuela. Los grupos de indígenas más activos fueron los de Ecuador y Bolivia.

---

[51] Tips Revolucionarios. Fuerza Solidaria. Julio 20-6 wwe.fuerzasolidaria.org.

La mezcla de una ideología de odio, con el aderezo de la frustración, envidia y desencanto de muchos, no cesó en su cocción. La utopía siguió cabalgando. La Habana era la matriz pero los óvulos llegaban de muchas partes.

Ya Moscú no paga las cuentas, pero los propósitos no han desaparecido. Se "inventa" para procurar fondos, se crean fundaciones y organizaciones no gubernamentales que con sanas vestiduras que encubren las malas intenciones, se acercan a corporaciones millonarias, que a pesar de conocer, o al menos intuir el proyecto desestabilizador, cooperan generosamente con esas entidades, por lo que tal parece que están desesperadas por ver muertos, o en prisión, a su junta de directores.

El camino parecía más arduo, pero también más plural en eso de buscar recursos.

Otra ventaja. No se contraían compromisos, no había una gran potencia detrás que dictase qué hacer y cómo hacer las cosas. El tiempo pasó y hubo un destello de luz que con mucha habilidad captó el totalitarismo cubano. Un ruido de fusiles ametralladores en una vieja aspiración castrista, Venezuela, permitía avizorar el luminoso futuro.

El mayor Hugo Chávez Frías había intentado dar un golpe de estado contra una de las democracias más antigua del continente. El golpe fracasó, pero como la clase gobernante aparentemente no tenía una clara conciencia del peligro, siguió jugando con fuego, y le permitió al comandante Chávez participar en actividades políticas.

La historia es larga y muy ricas en detalles pero en resumen el desencanto de un amplio sector del pueblo de Venezuela y la falta de visión de los políticos tradicionales, permitieron que Chávez asumiera la primera magistratura de la nación en comicios democráticos y pluralista.

En poco tiempo la agenda del presidente Chávez se hizo pública. Promovió un cambio de la Carta Magna, se aproximó al "Mar de la Felicidad de Cuba" y generó una pugnacidad con la sociedad civil venezolana con el fin de fracturarla y pescar en su despojos.

El movimiento sindical, la libertad de prensa y el empresariado fueron objetivos destacados. Avanzó hasta establecer un verdadero centralismo democrático: Controla el Poder Judicial, la Asamblea Legislativa, el Poder Electoral y ha logrado crear un empresariado a fin a sus proyectos y una red de medios informativos oficiales que espera sustituir a los acosados medios independientes.

El presidente Chávez asumió como propio el proyecto totalitario. Algunos dicen que era un durmiente. Un compañero de viajes que estaba esperando la oportunidad para salir del closet y participar en la gesta revolucionaria.

Su aproximación a Castro es calificada por entendidos en los laberintos de la mente como dependencia sicológica, pero para otros su manifiesta admiración por el dictador insular es una manera de auto declararse heredero del proyecto de una América cesariana en la que no existan legisladores sino pretores y centuriones que cumplan la voluntad del caudillo.

Pero más allá de una u otra realidad, sin excluir otras especulaciones, Hugo Chávez para muchos se convirtió en el principal operativo político del viejo proyecto castrista. Es la espada, como diría Herbert Marcusse, del Zeus caribeño.

Después de Chávez, el régimen cubano cobró un nuevo aire, al extremo, sin entrar en detalles que no corresponden a este trabajo, "congeló" las tímidas reformas económicas que se había visto obligado a realizar para sobrevivir después del fin de la Unión Soviética.

Con Chávez se hizo posible despertar los viejos sueños. Se le quitó un poco de polvo al viejo discurso antiimperialista. La antiglobalizaciòn se convirtió en punto capital de la nueva estrategia. Las armas, al menos en este período, conservaron su grasa protectora.

Las fórmulas desestabilizadoras no era nuevas. En alguna medida reproducían las que habían aplicado los viejos partidos comunistas: manifestaciones populares, huelgas, desacreditar las fuerzas políticas y la identificación de un enemigo nacional. Por otra parte, el discurso de la lucha de clase perdía algo de su histórico brillo, pero era hábilmente sustituido por el de la reivindicación indígena.

La asociación Castro-Chávez evidentemente ha resultado exitosa. Este cóctel ha logrado embriagar a sus partidarios en varios países, aunque en unos ha tenido más éxitos que en otros.

Un ejemplo del éxito es Evo Morales, quien gracias a la concertación Castro-Chávez, dejó de ser un líder local para alcanzar el estrellato en su natal Bolivia. Desestabilizó el país y se convirtió en el motor de la caída de más de un gobierno.

Un denominador común entre Fidel Castro, Hugo Chávez y Evo Morales es que son mesiánicos, personas iluminadas y con proyección internacional. Los tres tienen un discurso expansionista y se esfuerzan por crear la imagen de que son objetivos de cualquier patraña internacional.

Morales, tal vez el mas modesto de los tres en eso de ambicionar al mundo, dijo: "Los movimientos indígenas latinoamericanos estamos avanzando no sólo para liberarnos sino para caminar junto a los otros pueblos y liberarlos. No somos excluyentes ni vengativos, por eso hemos llegado a la presidencia de Bolivia, para resolver los problemas de todos"[52]. Discursos que con textos diferentes y lugares distintos han pronunciado tanto Chávez como Castro.

Morales aparenta seguir los pasos de sus mentores. Está tratando de "refundar" al país con una nueva Constitución.

Morales es también el promotor de una especie de internacionalismo indigenista. Ha procurado integrar a los movimientos indígenas de varios países del sur y sobreponer esta integración a la nación misma, es el viejo cuento de que los obreros no tienen Patria y deben conformar una clase internacional que defienda sus intereses.

Otro dirigente providencial es Daniel Ortega, que se prepara con su Frente Sandinista a asaltar la primera magistratura de su país una vez más.

Nicaragua, de asumir Ortega la presidencia, sería una lanza de la penetración de la Concertación Totalitaria en toda Centroamérica, una región donde todavía persisten focos desestabilizadores con vasta experiencia en la guerra irregular.

Por supuesto que la Concertación a que nos referimos tiene dioses menores que aun no han tomado el poder, pero que están al acecho del mismo.

Ecuador es un objetivo cercano. En ese país se han apreciado problemas de gobernabilidad desde hace varios años. El derrocamiento de Lucio Gutiérrez, 2005, fue un ejemplo directo. En el presente una denominada Juventud Bolivariana Alfarista, con su líder Marcelo Larrea, aparenta ser la punta de lanza de la Concertación en la patria de Eloy Alfaro.

Tal vez el mejor ejemplo sea el del peruano Ollanta Humala, quien al principio de la contienda electoral favorecía las ideas de la Concertación, pero al percatarse que el apoyo popular le abandonaba, se distanció del chavismo. Aunque no puede descartarse que sea una estrategia.

Otros dirigentes políticos latinoamericanos, como el presidente argentino Néstor Kichner y el mexicano Manuel López Obrador, tienen, según numerosos analistas, sus veleidades totalitarias, pero estas están hasta el momento bajo control por la fortaleza institucional de sus respectivos países, que aunque distan mucho de ser perfectas, son evidentemente más sólidas que las de los países anteriormente mencionados.

Lo de Manuel López Obrador en México demanda una especial atención si tenemos en cuenta que anunció que se recrudecerá la resistencia civil contra el presunto fraude electoral. Esto hace recordar a Evo Morales, que con el auspicio de marchas y protestas violentas, desestabilizó el país y lo hizo ingobernable hasta que él accedió al poder.

La Concertación Totalitaria es una realidad peligrosa porque, como decían los fidelos marxistas cubanos de los 60, las condiciones subjetivas están dadas: pobreza, inseguridad social, etc., y las objetivas están constantes y sonantes en las arcas del presidente Hugo Chávez.

La Cumbre del Mercosur en la ciudad de Córdoba, Argentina, marcó un hito en el proyecto de la troica Castro, Morales y Chávez.

Este último tiene petrodólares suficientes para convencer a los fundadores del Mercado Común del Sur, Mercosur, de la conveniencia de la integración de Cuba y Bolivia y los "ingenuos" mandatarios sureños pueden suponer que el bolivariano solo tiene dinero, y no el suficiente talento para ponerles la soga al cuello. Algo similar ocurrió en Cuba.

La reunión de la Cumbre de los Pueblos, paralela a la cumbre del Mercosur, demuestra que la troica no tiene ninguna ponderación. Promueven el conflicto social hasta en la casa del huésped.

Tanto Castro como Chávez aludieron a lo que algunos llaman la Revolución de Córdoba de 1918. El presidente sudamericano llegó a decir "En Córdoba nació un nuevo Mercosur: hemos derrotado al ALCA con la entrada de Venezuela, el Mercosur tiene la fuente de petróleo más grande del mundo y deben saber ustedes que la prioridad es para los países del bloque regional".[53]

El expansionismo castro-chavista es multicolor. Se sostiene en cualquier punto de vista que enfrente la Globalización o cualquier proyecto que promuevan los Estados Unidos.

También trasciende las fronteras del hemisferio, no para servir de trampolín a las pretensiones de otra gran potencia como hiciera Castro en las guerras africanas, sino para generar numerosos puntos de fricción en los que Estados Unidos y sus aliados se vean envueltos. En alguna medida están reeditando el "uno, dos, tres Viet Nam" de Ernesto Guevara.

Pedro Corzo
Julio 2006.

---

[53] Se conoce como el Cordobazo a una revuelta callejera organizada por los sindicatos peronistas y las organizaciones de izquierda el 29 de mayo de 1969, que llegó a tomar prácticamente a la ciudad de Córdoba. En ese momento gobernaba la Argentina el general Juan Carlos Onganía, quien tuvo que enviar tropas del ejército y la aviación para recuperar el control de la ciudad, pues la policía había sido superada.

Las Fuerzas Armadas de Cuba.
Pieza clave del Totalitarismo.

Es indudable que el objetivo de las Fuerzas Armadas de cualquier país es servir a la nación y no a los gobernantes de turno.

Se quiera o no, el cuerpo armado es uno de los factores más importantes en cualquier sociedad. Es, o por lo menos así lo ven numerosas personas, depositario de muchos de los valores sobre los cuales se constituye una nación.

Las Fuerzas Armadas de América Latina, para no incursionar en otras áreas, son supuestas herederas de aquellas que construyeron la independencia.

Por supuesto que las Fuerzas Armadas en una sociedad plural y cívica no tiene la relevancia que en otra militarizada, ya sea por un régimen autoritario o totalitario.

En una sociedad de derecho se siente respeto al cuerpo armado por lo que representa y no por el daño o los perjuicios que puede causar al ciudadano. Cuando la soberanía del municipio prima sobre la del cuartelillo del pueblo, los ciudadanos pueden dormir tranquilos.

Lamentablemente, si miramos retrospectivamente, en América Latina estos períodos han sido breves, aunque es justo reconocer que en los últimos tiempos se han producido cambios. Cambios frágiles en algunos casos, tal y como apreciamos en Venezuela, que después de cuarenta años de democracia, los generales y su comandantes marcan el rumbo del país.

Las Fuerzas Armadas de Cuba no son una excepción a lo que se aprecia ha ocurrido con los cuerpos armados de la mayoría de los países del hemisferio.

Los militares han servido proporcionalmente más a su caudillo que a las repúblicas del continente. Los intereses castrenses se han sobrepuesto a los de los ciudadanos. Los cuarteles en numerosas ocasiones salieron a las calles para imponer su voluntad y aunque en la actualidad la situación parece haber cambiado, todavía están frescas en la memoria las juntas militares de salvación nacional y la política represiva de la seguridad nacional, tan apreciada por los esbirros que degradan los uniformes.

Una de las Fuerzas Armadas del hemisferio que con más sectarismo ha actuado es la cubana, aunque es justo decir que eso no ocurrió a partir de Fidel Castro.

Los cuerpos armados de la primera República desaparecieron con el golpe militar del 4 de septiembre de 1933, protagonizado, entre otros, por el sargento Fulgencio Batista y Zaldívar.

Después de ese acontecimiento la estructura militar cambió y hasta la oficialidad, que en gran medida había estado dirigiendo el estamento armado desde la constitución del estado cubano, fue violentamente sustituida por nuevos oficiales, más comprometidos con el caudillo, en este caso Fulgencio Batista, que con el país.

Siempre hubo excepciones, es justo reconocerlo, como los militares que integraron la llamada Conspiración de los Puros[54].

Las Fuerzas Armadas de Cuba, según todo parece indicar no han evolucionado como ha ocurrido con la mayor parte de las del continente. Continúan siendo un instrumento de la política, una fuerza de centuriones que se conducen como dicta su pretor.

Cuando Fidel Castro asumió el control de la república, no solo hizo desaparecer la sociedad civil, sino que con toda la fuerza que le otorgaba la revolución triunfante liquidó el cuerpo armado que se le había enfrentado, incluyendo los militares que se habían opuesto al régimen de Fulgencio Batista, que no estaban identificados con el "Fidelismo".

Castro construyó un ejército a su imagen y semejanza. Su vir-

---

[54] 1956. Militares comandados por el coronel Ramón Barquín, que conspiraban contra el gobierno de Batista. Fueron arrestados y enviados a la prisión de Isla de Pinos, donde compartieron con los miembros del Movimiento 26 de Julio.

tuosismo en el uso de las herramientas del poder le posibilitó crear un cuerpo armado identificado con una circunstancia de la historia de Cuba, la Revolución de 1959 y con una deidad política-militar: el Comandante en Jefe.

No se puede obviar que por años las Fuerzas Armadas cubanas incluían en sus compromisos la fidelidad a la Unión Soviética, como apuntaba la Constitución de 1976.

El dictador, al refundar el Cuerpo Armado por tercera vez en la historia republicana, estableció las bases para que el organismo respondiese sin reservas a su mandato. No importaban las contradicciones estratégicas o de cualquier tipo en las que podía incurrir la jefatura política, había que obedecer al Pretor aunque se destruyese la república.

No habían desaparecido los ecos de aquel discurso de "Armas para qué" y ya las fuerzas armadas de la isla se habían convertido en las más poderosas y numerosas de América Latina, y una de las primeras del mundo.

Las legiones del imperio castrista operaron en África, América Latina y Asia. Combatieron, entre otros países, en Argelia, Congo, Bolivia, Venezuela, Siria, Uganda, Etiopia y, como si fuera poco, Cuba desplazó proporcionalmente más soldados en la guerra de Angola que los Estados Unidos en Viet Nam o la Unión Soviética en Afganistán.

Los entorchados cubanos conocieron glorias sin precedentes y que no se repetirán en un futuro previsible. Los oficiales cubanos son responsables de numerosas muertes en las guerras mercenarias que condujeron, y culpables de haber comandado unidades militares que actuaban como policía en los países ocupados. Muchos simples soldados llegaron a generales por su lealtad y no por su talento.

Otros, como el ejecutado general Arnaldo Ochoa[55], según algunos analistas militares, era un oficial de mucho talento.

Sin dudas las Fuerzas Armadas Cubanas son la perla de la co-

---

[55] Arnaldo Ochoa. Héroe de la Republica de Cuba. General de División. Sirvió al expansionismo castrista en numerosos frentes en África y América

rona del totalitarismo insular. El cuerpo armado que fundó Castro en 1959 es la columna vertebral del régimen. Esto se demostró cuando el proceso "Ochoa"[56] que las fuerzas armadas, particularmente los mandos del Ejército, sustituyeron a los militares supuestamente más politizados del ministerio del Interior. Los militares contaron con la mayor parte de los subsidios que provenían del bloque soviético. Disfrutaban y disfrutan de privilegios que ignora la mayoría de la población.

El *affaire* Ochoa-La Guardia es la punta del iceberg de lo que los militares podían hacer con o sin la autorización del máximo líder, lo que deja vislumbrar que están haciendo en el presente, porque son ellos los que administran las empresas económicas más importantes del país.

Factores claves de la economía nacional, como el turismo, la exportación-importación, tabaco, tecnología, industria azucarera, comunicaciones y bienes y raíces son un pequeño muestrario de que las empresas más importantes del país están manejadas por militares, o bajo la dirección absoluta de las fuerzas armadas.

Estos militares en activo o en condición de retiro, manejan miles de millones de dólares y usufructúan los privilegios que de esas riquezas se derivan.

Los generales y coroneles cubanos saben lo que es el poder y lo disfrutan. Han mandado, y es muy difícil que se acostumbren a obedecer. Su bandera no es la de una república democrática sino la que disponga el caudillo. La formación de la oficialidad cubana no es marxista, es de tribu, de clanes, y por eso los estudiosos de las fuerzas armadas de la isla distinguen entre los que responden a Raúl Castro o a Fidel.

Son diferentes a los cuerpos armados de las desaparecidas repúblicas del este. Aquellos se formaron en el marco de una institucionalidad no democrática, pero sujeta a cierta clase de reglas.

---

[56] Arnaldo Ochoa fue juzgado también por un Tribunal de Honor integrado por generales de la Fuerza Armada de Cuba. Cuarenta y cinco generales, la mayoría compañeros de Ochoa, algunos habían estado bajo su mando, votaron a favor de su ejecución."Generales cubanos en Venta". Eugenio Yánez, La

Después de José Stalin, los espasmos del Kremlin llegaban muy atenuados al Ministerio de Defensa y obviando ciertas peripecias no respaldaron con todo su poder el Golpe de Estado contra Mijail Gorvachov en 1991. También es justo y prudente agregar que los militares rusos no se habían transformado en empresarios y políticos como ha sucedido en la isla del doctor Castro.

El Buró Político del Partido Comunista de Cuba, formado por 21 miembros, cuenta en su seno con siete generales: Raúl Castro, General de Ejército; Leopoldo Cintras Frías, Ramón Espinosa Martín, José Quintas Solás, Abelardo Colomé Ibarra, Julio Casas Regueiro, Generales de Cuerpo de Ejército; Ulises Rosales del Toro, General de División; el Comandante de la Revolución Juan Almeida Bosque y otros oficiales a los que en la democracia se califican en condición de retiro, situación que en honor a la verdad no existe en Cuba.

Después de este recuento es fácil reconocer que las Fuerzas Armadas de Cuba han sido un eficiente instrumento del régimen de los hermanos Castro y de todo lo que ambos han significado para la isla.

Fue en los ya lejanos 60 y 70 cuando soldados y oficiales del Ejército Rebelde se alzaron en armas o conspiraron contra el gobierno que habían ayudado a implantar. Esos hombres fueron fusilados o encarcelados por los antiguos compañeros de armas que permanecieron fieles a los hermanos Castro.

No faltan quienes afirman que las Fuerzas Armadas no participaron en la guerra civil que sufrió la isla en los primeros años de la década del 60, una afirmación que no se ajusta a la verdad.

Al parecer olvidan que los cuerpos de seguridad del estado, el aparato represor del régimen, fueron integrados por militares.

Con el tiempo se generaron diferencias y se produjeron conflictos, hasta el traumático Proceso Ochoa-La Guardia en el que como resultado, el Ejército absorbió al Ministerio del Interior, resultando vencedor indiscutido del histórico diferendo.

Otro detalle importante, fueron los generales de las Fuerzas Armadas, muchos de ellos del círculo más próximo a Raúl Castro, los que comandaron a las fuerzas cubanas en las guerras imperialistas que el castrismo promovió en África y otros lugares del mundo.

Algunos analistas y políticos cubanos en la oposición, tienen fe en el pragmatismo de los militares cubanos y los consideran capaces de actuar contra el régimen si se presenta una coyuntura apropiada, y en eso tal vez tengan razón, ya que considerar que existe patriotismo entre los centuriones de las legiones castristas sería el colmo de la ingenuidad.

No hay que ser un especialista para conocer que los cuerpos armados de la isla han estado de espalda a los mejores intereses de la nación por casi cinco décadas. Ellos, junto al Ministerio del Interior, hicieron el trabajo que les correspondía para mantener la dictadura.

Por supuesto que se puede tener esperanzas. Es de esperar que siempre haya hombres capaces de exorcizar a sus demonios más mezquinos.

Quizás, algún condecorado militar cubano haya leído lo que fue inspiración para muchos de los que murieron ante el paredón de fusilamiento en los tiempos en que cosechaba las medallas, "Cuando no sepas cual es el camino del deber, escoge el más difícil".

Agosto 2006- octubre 2010

Estados Unidos y Cuba.
Una alianza en disputa.

Esta reflexión es motivada por críticas, análisis y cuestionamientos que se han leído y escuchado con frecuencia en las últimas cinco décadas y aunque se afirma que la verdad es una sola, es evidente que se puede contemplar de diferentes ángulos.

Con frecuencia amigos, personas que estimo y respeto por su dignidad y talento, critican severamente a Estados Unidos en lo que atañe a Cuba.

Por eso aquí van mis puntos de vista, que pueden ser tan acertados o errados como los de cualquiera que haya opinado al respecto.

De los cuestionamientos a Estados Unidos en relación con el proceso de lucha contra el régimen totalitario, hay poco que agregar a las justificadas críticas e interrogantes que muchos de mis compatriotas se han hecho en estas últimas décadas.

Me sumo a los que opinan que el "Caso Cuba" ha sido evaluado de forma equivocada por parte de las autoridades estadounidenses, pero también estoy entre los que creen que la oposición democrática cubana que se alió a este país en la década del 60, no fue lo suficientemente precisa en aspectos tan importantes como su independencia en la elaboración de los proyectos y la ejecución de los mismos, y no lo fueron porque estaban conscientes de que solo un aliado poderoso podía suministrarle lo necesario para enfrentar un régimen que ya estaba sentado en el regazo del oso soviético.

Se puede comparar la decisión de los patriotas cubanos que en los 60 buscaron la ayuda de Washington sin definir antes ciertos aspectos muy importantes, a la disposición de otros patriotas que en 1901 acataron la Enmienda Platt como un mal menor, porque entendían que aunque fuera de una manera menguada, el país de todos accedía a la independencia.

Por otra parte, es también cierto que los que decidieron enfrentarse por su cuenta y riesgos al régimen pro soviético de la Habana incurrieron en errores en la elaboración de sus planes y acciones, aparte de que nunca consiguieron suficientes recursos para oponerse al enemigo.

Justo es decir que independientemente a lo difícil de adquirir recursos, los cubanos que se encontraban fuera de la isla tenían tras sus huellas a los agentes federales y otras autoridades que siempre han tenido bien definidas sus responsabilidades, en eso que los gobiernos califican como Seguridad Nacional.

La alianza de Castro con el Kremlin le dio a su régimen excelentes frutos en lo que atañe a conservar el poder y por otra parte, es indiscutible que la asociación de sectores de la oposición cubana a Washington para derrocar la dictadura no fue exitosa, entre otras consideraciones, porque este país tiene leyes que sus dirigentes deben respetar y una opinión pública que sanciona cada cuatro años la gestión de sus gobernantes, lo que hace que la ayuda que viene de las riveras del Potomac fluya a veces como tempestuosa corriente y otras como delicado riachuelo en tiempo de sequía.

Una diferencia abismal con el Moscú de las utopías, donde un jerarca y su corte decidían a su conveniencia.

La causa democrática cubana ha tenido pocos aliados pero, salvo contadas excepciones como lo fue Don Rómulo Betancourt, los cofrades no lo han sido por convicción, sino porque Estados Unidos se lo planteó o el régimen cubano estaba afectando sus intereses.

La conducta de la mayor parte de los gobiernos de América Latina, no sería justo generalizar, ha sido de indiferencia en el mejor de los casos y de abierta complicidad en los peores.

Sobran ejemplos que tipifican una conducta favorable al régimen de la isla por parte de gerencias de signos políticos contrarios.

Los gobiernos del hemisferio de las pasadas décadas del Siglo

XX y en las del XXI, dictaduras militares o democracias de cualquier signo -demócratas cristianos, social demócratas, liberales y conservadores- no fueron capaces de implementar una estrategia a favor de los demócratas cubanos.

Veamos. Carlos Andrés Pérez, presidente de Venezuela en dos ocasiones en representación de un partido socialdemócrata, nunca respaldó un proceso de cambio político en la isla y la dictadura de la Junta Militar de Argentina cooperó abiertamente con el totalitarismo cubano.

El también dictador Augusto Pinochet, en los casi 20 años que duró su régimen, nunca prestó apoyo a los enemigos del castrismo. Los supo usar pero no ayudar más allá de lo que convenía a sus intereses.

América Latina no ha sido sensible ante la problemática cubana y otro tanto podríamos decir en relación a Haití.

No escuchan ni ven lo que no quieren escuchar o mirar. Un ejemplo son las Cumbres Iberoamericana, una especie de juegos olímpicos de la política, allí solo están presentes los intereses y no los principios que a boca llena proclaman lo dirigentes latinoamericanos.

La engavetada resolución de Viñas del Mar es uno de los muchos ejemplos de la gran farsa de una supuesta hermandad de pueblos que la actuación de los lideres hace imposible que se concrete, aunque también amplios sectores populares tienen responsabilidad, porque solo se dan cuenta de lo que significa el castrismo cuando las garras le están acariciando la garganta.

Algunos de los países más importantes del hemisferio –Brasil, Argentina, Chile– cuando estuvieron bajo dictaduras militares, que se suponían enemigas a muerte del castrismo, ni después, cuando se establecieron en ellos las democracias, actuaron a favor del pueblo cubano.

Todos los gobiernos del hemisferio hicieron caso omiso de lo que ocurría en la mayor de las Antillas y le dejaron a Estados Unidos la responsabilidad de asumir un papel protagónico en el conflicto del pueblo de la isla con la dictadura, rol que no cesan de criticar pero que ningún país latinoamericano ha estado dispuesto a asumir en la forma, estilo y manera que consideren conveniente y beneficiosa para una transición a la democracia en Cuba.

En lo que respecta a la solidaridad humana, más allá de casos individuales que sin duda tienen importancia, nunca establecieron una estrategia de protección a refugiados.

Solo dos países latinoamericanos instituyeron una política regular para dar patrocinio a aquellos que querían salir de la Isla del doctor Castro: Venezuela, en los gobierno de Carlos Andrés Pérez y Luís Herrera Campins y sus sucesores y Costa Rica.

México, que tan generoso fue con los exiliados españoles, no jugó el mismo rol con los de Cuba, tampoco Argentina que recibió a cientos de nazis que huían de la justicia aliada.

Sin embargo, Estados Unidos, a pesar de sus contradicciones políticas y decisiones que algunos califican como traidoras, ha sido el refugio por antonomasia de aquellos que por cualquier motivo abandonaron la isla.

Los gobiernos de este país implementaron una política de estado -en esa época los exiliados o emigrantes, hay de todo, no tenían el poder del voto-, que favorece a las personas de origen cubano concediéndoles la residencia y prestándoles una asistencia social por un periodo de varios meses que satisfacía las necesidades más importantes del individuo y su familia.

Curiosamente, salvo excepciones muy puntuales como el presidente salvadoreño Francisco Flores y varios mandatarios costarricenses, los líderes políticos latinoamericanos se vuelven enemigos de Castro cuando dejan la presidencia.

Solo fuera del poder claman que en Cuba hay una dictadura y que el gobierno de la isla debe cambiar. Cuando gobiernan callan, cómplices por omisión y a veces por participación, en la tragedia de la isla.

¿Dónde están la hermandad y la solidaridad que tan enfáticamente se proclama, la política y la de gente. Esa que recibe a refugiados y no deporta a los que han perdido su hogar o pueden ir a prisión en su país, esa que apoya a la oposición democrática cubana sin temer a las reacciones y protestas de los aliados del totalitarismo castrista?

Pero retornemos a Estados Unidos y su política hacia Cuba, una gestión de muchos traspiés y contradicciones, pero también de extrema solidaridad humana, como se apuntó con anterioridad.

Ha sido un error o pecado de ingenuidad el que algunos hayan creído que los gobiernos de Estados Unidos han intervenido en el "problema cubano" por convicción y libre de intereses.

Los cambios de estrategias hacia el régimen totalitario siempre han estado relacionados con las fórmulas políticas que mejor se ajustan a los planes de Washington, no a las necesidades de los cubanos que dentro y fuera del país han enfrentado al totalitarismo en estas casi cinco décadas.

A pesar de los años transcurridos, el fracaso de Bahía de Cochinos está fresco en la memoria, al igual que la pésima coordinación de ayuda a los alzados en armas en la isla y las manipulaciones de que fueron objetos ciertas agrupaciones del movimiento clandestino en las décadas de los 60 y 70, son casos que dejan muy mal situado el apoyo estadounidense a los grupos de la oposición.

Por eso aquellos que establecen vínculos, necesarios y en ocasiones imprescindibles, con un gobierno y sus dependencias, no deben pasar por alto que tienen que procurarse medios propios, porque en cualquier momento, cualquier día y en cualquier ocasión, esas autoridades pueden retirarle la escalera sobre la que están subidos.

Pero antes de concluir, es un deber mencionar a los muchos estadounidenses, independientemente a los gobiernos que ha tenido este país, que se identificaron con la causa democrática cubana cumpliendo prisión, muriendo en combate o ante el paredón de fusilamiento.

Ningún otro país tiene un mayor número de sus naturales muertos en Cuba.

Aunque este trabajo pretende reflexionar sobre intereses, no es posible obviar el coraje, la dignidad y la identificación de muchos estadounidenses con la causa contraria al totalitarismo castrista.

Los cubanos también aportaron mucho a este país en su lucha contra el comunismo internacional y ese es un punto pendiente de una profunda investigación y divulgación.

En fin, Estados Unidos actúa como lo que es, la nación más poderosa del mundo. Su gobierno está para dirigir y conducir al mejor puerto posible los intereses de su pueblo. Reclamar otra cosa, tal vez sea justo, pero es irreal.

Hay que ser realista, para echar una guerra, ideológica, política o militar, uno tiene que ser dueño de su pólvora, virtual o real, pero dueño, no se puede estar a merced de las regalías de las grandes potencias o de aliados que se involucran las más de las veces por propia conveniencia y en cierta medida, ese ha sido uno de nuestros yerros.

El hecho es que Estados Unidos ha establecido una política hacia el régimen totalitario que en su opinión se ajusta a sus conveniencias, tanto cuando dieron armas, entrenaron hombres o en los foros internacionales en los que denuncia la violación de los derechos humanos en la isla.

Por otra parte, lo que han hechos las repúblicas de América Latina ha sido también en función de sus intereses, que lógicamente tienen que primar por encima de los extranjeros, lo que sucede es que la mayor parte de las veces han sido mudos y sordos a los problemas que padecen los cubanos ante el régimen y no actúan, salvo muy contadas ocasiones, por propia iniciativa en un tema tan controversial para su política domestica como es la dictadura de Fidel Castro.

Es una realidad que optan por el silencio cómplice y aplazan la confrontación permitiéndole a los desestabilizadores de oficio, ejemplos sobran, que se fortalezcan, organicen y generen el necesario caos que solo desaparecerá con la Pax Castrista.

Venezuela, Bolivia, Ecuador, Nicaragua, son ejemplos de lo que ocurre cuando se esconde la basura bajo la alfombra, ¿cuántos faltan?

Marzo 2007

La Transición Política en Cuba. ¿Asignatura en suspenso?

El propósito inicial de la oposición al totalitarismo fue la ruptura, destruir el sistema, por ese motivo en una época se opuso a la violencia oficial la violencia de los opositores.

Cuando la lucha que promovía la oposición al interior de Cuba se hizo muy difícil y costosa en vidas, los núcleos de resistentes que residían en el exterior incrementaron sus esfuerzos para desestabilizar el sistema generando así nuevas crisis y peligros que en ocasiones terminaron en conflictos internacionales.

Lamentablemente, el empeño no cosechó éxitos y el régimen se fue apoderando de la fuerza hasta monopolizarla por completo, y usarla en todas las variantes a su alcance y de forma indiscriminada, durante estos 48 años.

El poder omnímodo, el abuso sistemático y permanente de un sector de la ciudadanía contra los no conversos e indiferentes, fortaleció al régimen, estableciendo un sistema en el que los víctimarios depredaban a su antojo y las victimas sufrían del ostracismo y la discriminación, cuando no eran ejecutadas o encarceladas.

El dominio generó riquezas y privilegios y, en consecuencia, una nueva clase celosa de sus prerrogativas que continua rechazando cualquier cambio.

El régimen asumió las normas soviéticas para ejercer el poder y el marxismo como teoría de gobierno para justificar sus acciones.

El despotismo se arropó en una ideología absurda, pero que argumentaba que había que destruir el presente para alcanzar un futuro mejor

No obstante, a pesar del aparente monopolio del poder, hay

factores que indican que nos avocamos a un nuevo período como nación, porque más allá de nuestras valoraciones como ciudadanos, es evidente que el liderazgo omnímodo de los Castro enfrenta una crisis que debe cerrar una etapa y generar nuevas expectativas que con el tiempo o abruptamente, resultarán en sucesos que afectarán en alguna medida nuestras existencias.

El régimen, ante su fracaso económico, social y ético, ha pretendido galvanizar una vez más a la nación tras Fidel Castro, una figura sobredimensionada por los resortes del poder, pero consumida por el extendido uso del mismo y los múltiples fracasos cosechado.

La clase gobernante intenta continuar identificando a la Nación con Castro, y la Revolución con una especie de liturgia en la que el Máximo Líder es el supremo símbolo.

Una intensa propaganda resalta las ya gastadas consignas de país.

Con el discurso de país asediado, de nación en crisis por culpa de un vecino poderoso, se pretende todavía agrupar a todos los factores alrededor de la figura emblemática. Procuran fortalecer sus bases teóricas, restaurar el "heroísmo", e incentivar un sentimiento de pueblo elegido y amenazado, de víctima heroica en plaza sitiada.

Pero hay una realidad que, aunque dolorosa, hay que admitir. La desaparición de la Unión Soviética permitió apreciar que el régimen ha contado a través de toda su historia de una estructura y dinámica muy particular, que su poder es primario y no deriva de ninguna otra autoridad.

Por otra parte, el gobierno ha sabido conjugar una serie de factores externos e internos que ha interpretado con habilidad.

Los insignificantes cambios que han tenido lugar en la Isla sólo tienden a afirmar en el poder al grupo gobernante. El discurso oficial ha acentuado el postulado ideológico sobre el cual se ha erigido un nuevo país: paternalismo, populismo y totalitarismo.

El régimen está retomando su pasado, un retorno al nacionalismo verde oliva. El presente es una visión virtual de una primera plana del periódico "Revolución" de cualquier mes del año 1959, la reedición de la Divina Trinidad, aquella que algunos, increíblemente, no pueden dejar de amar: Nación, Fidel y Revolución.

Sin embargo, a pesar de habilidades, depredaciones y encantamientos, es evidente que el régimen está en su primera frontera tal y como sucedió en 1959, con el agravante que la magia de aquel año se agotó con el tiempo y los fracasos, y que la mayoría casi absoluta de la ciudadanía vive en pleno desencanto.

Por otra parte, es evidente que el internacionalismo continúa siendo una piedra de toque en la estrategia gubernamental.

La agresividad, la injerencia en los asuntos de otros países, es un ejercicio de múltiples propósitos porque, entre otros factores, obliga al enemigo a defenderse, lo que le permite al régimen reiterar su papel de víctima de una agresión extranjera. El castrismo no ha dejado de ser un peligro, hay evidencias sobradas de que tienen agentes operando en Estados Unidos y en varios países de América Latina.

Hay que destacar las especiales relaciones que sostiene el régimen de La Habana con los gobiernos de Hugo Chávez, Venezuela y de Evo Morales, Bolivia, lo que merece una atención especial, porque evidentemente están forjando un eje para destruir las democracias del hemisferio.

Bajo el régimen faraónico de Castro, es un hecho que la democracia no germina. Su mandato se ha caracterizado, entre otros elementos, por una constante agresividad y una férrea tenacidad, pero también por ser impermeable a toda propuesta que tienda a modificarlo.

Por eso comparar "El Caso Cuba" con lo experimentado en otros países es muy arriesgado.

Las situaciones políticas que condujeron a cambios de gobierno en España, en las naciones que integraron el extinto bloque soviético o en cualquiera de los países del hemisferio americano que padecieron dictaduras militares, no se aproximan a la realidad cubana, salvo en perspectivas muy generales

En España se estableció una dictadura férrea pero no totalitaria, y la jerarquía del franquismo procuró encontrar un sucesor que satisficiera en alguna medida a las partes en pugna.

Por otra parte, los regímenes militares de seguridad nacional de América Latina, aunque eran crueles y despiadados, nunca controlaron la economía ni otras numerosas expresiones de la sociedad civil, como ha ocurrido en Cuba.

En las llamadas repúblicas democráticas del este de Europa sí se establecieron regímenes totalitarios pero, según muchos expertos, nunca la dinámica totalitaria logró penetrar la sociedad a los extremos que ha ocurrido en la Isla.

Por eso las perspectivas de eventuales cambios políticos en Cuba se elaboran sobre supuestos que conjugan más con la buena voluntad del analista que sobre lecturas de una realidad que a veces están coloreadas con los anhelos de quienes la interpretan.

Es por ello que cualquier pronóstico a futuro incluye un nivel de incertidumbre difícil de evitar. Cuba se encuentra en un proceso de sucesión, y las experiencias de la Europa del Este, si bien son un referente, pueden no ser el derrotero definitivo para un cambio político en la Isla.

Por otra parte, es evidente que el poder totalitario padece de un agotamiento estructural. La biología, más que los fracasos o éxitos de la oposición, ponen en peligro la ortodoxia.

Algunos suponen que individuos como Carlos Lage, Felipe Pérez Roque y Fernando Remires de Estenoz Barciela, aunque estén a favor del discurso oficial, cuando llegue el punto de inflexión entenderán que para sobrevivir tienen que asumir los cambios que dicten las circunstancias, si es que nos los remueven antes. Pero eso es simple especulación.

Por desgracia, Fidel Castro mientras viva es una garantía de estabilidad para sus partidarios. Por eso, aunque en la actualidad se presente y hable mucho menos que en el pasado reciente, no cesa de escribir diatribas como forma de mantener el cordón umbilical que le ata a sus esbirros.

No es un secreto que no hay relevo para el Comandante, la gobernabilidad de la Cuba post Castro, Raúl y Fidel, parece enrumbarse hacia una autoridad colegiada.

El comunicado del 31 de julio último fue un intento por ofrecer una imagen de gobierno colegiado, aunque es fácil apreciar que los otros cuatro dirigentes mencionados en el aviso, José Ramón Balaguer Cabrera, Ramón Machado Ventura, Esteban Lazo Hernández y Carlos Lage Dávila son simples impulsores de proyectos, porque tienen responsabilidades muy inferiores a las que detenta Raúl Castro.

Un cambio de liderazgo, colegiado o no, repercutiría en alguna medida en todas las estructuras del gobierno y del estado.

Esa sucesión, que implicaría nuevos favoritos en el poder, podría enfrentar una crisis de gobernabilidad que haría que los dirigentes se sintiesen inseguros, y esa sensación, utilizada con habilidad por los sectores que dentro y fuera del gobierno puedan favorecer un proceso de cambio, tendría un saldo positivo.

De ser así podría repetirse algunos rasgos de las transiciones en la Europa del Este, cuando los comunistas más liberales ocuparon el vació que dejaban los jerarcas conservadores.

En la Cuba actual y hasta en la de una eventual sucesión, hecha a la medida de los deseos de la nomenclatura, la única fórmula de cambio que aparentemente los herederos estarían dispuestos a aceptar es la de China.

Un estado poderoso, con férreo control político y libertades económicas, en la medida que no afecten a la soberanía del grupo de gobierno, lo que algunos llaman el post-totalitarismo.

Es verdad que la ingeniería social tiende a fabricar malas estructuras, pero en caso que los ajustes no sostengan al nuevo gobierno y la sucesión se escape de control, los cambios estarían determinados por los intereses de sobrevivencia de la clase gobernante, entre estos los económicos, ya que según numerosas informaciones, muchos dirigentes y sus parientes, llevan años participando en una "transición económica".

Muchos tienen pequeñas fortunas, dirigen empresas o están asociados con inversionistas extranjeros. Podemos decir muchas cosas negativas de la nomenclatura insular, pero no son tontos y no van a asumir modelos políticos que reduzcan drásticamente, o eliminen, sus prerrogativas.

Por otra parte, es importante tener presente un factor que algunos analistas consideraron irrelevante en las transiciones de la Europa del Este: las Fuerzas Armadas. Los cuerpos armados cubanos no se asemejan a los de la antigua Unión Soviética y sus satélites.

La alta jerarquía castrense de la isla se forjó alrededor de la figura de Fidel Castro, su titulo de Comandante en Jefe no es retórico, su autoridad no se ha diluido nunca y un ejemplo es como superó el proceso del general Arnaldo Ochoa.

También es conveniente apuntar que algunos jerarcas militares manejan cuantiosas fortunas que junto al poder que detentan, les confiere privilegios muy difíciles de abandonar voluntariamente.

No se debe obviar que varios generales de Cuerpo de Ejército: Leopoldo Cintras Frías, Ramón Espinosa Martín, Abelardo Colomé Ibarra, Julio Casas Regueiro y Ramón Espinoza, integran el Buró Político del Partido y como si no fuera suficiente, hay un general de división y más de un Comandante de la Revolución en ese Comité.

Una pregunta pendiente es si Raúl Castro, General de Ejército, tendrá el respeto de sus pretores, si la cofradía de la sierra y la logia de las guerras africanas, reconocerán la autoridad del nuevo Comandante en Jefe.

La imagen que proyectan los jerarcas cubanos, incluyendo los generales, no es de individuos inclinados a la democracia, pluralismo o el estado de derecho. Tampoco de personas que puedan actuar por influencias de acontecimientos políticos que han ocurrido en otros países, sino de individuos que sí cambian de parecer y actúan contrario a lo pautado, es por temor a perder estatus que implican privilegios y riquezas.

La ideología esta "quebrada", la "pureza" del régimen solo se fundamenta en la capacidad de reprimir a los sectores descontentos, pero eso no significa una voluntad a favor de cambios hacia la democracia.

Sin embargo, quienes sí son objeto de las influencias de los modelos de transición de Europa y América Latina son los que integran la oposición, tanto la que opera al interior de la Isla, como en el extranjero. Oposición que no ha cesado en su empeño de trabajar a favor de la democracia desde el mismo año 1959.

Por años la oposición luchó por la ruptura, el derrocamiento del régimen, pero en los últimos años ha surgido la tesis de la transición impulsada básicamente por España, los países del Este de Europa y ciertos sectores en Estados Unidos.

En consecuencia, cubanos de las dos orillas que están a favor de que se produzcan cambios en la isla, se han abocado a trabajar intensamente a favor de una transición política a la democracia.

Pero la voluntad de una de las partes no es suficiente para montar la transición. Ese puede ser el preámbulo del cambio, pero no el cambio.

La transición pasa por reformas negociadas que de manera escalonada conduzcan a una sociedad diferente, pero eso demanda la participación de todos los factores y la dictadura evidentemente no está interesada en una transición, y menos a la democracia.

Las transiciones políticas en Europa del Este fueron consecuencias de crisis internas del socialismo real, situación similar a lo que ocurre en Cuba, pero en el extinto bloque soviético afloraron contradicciones muy severas que agotaron el modelo político que llevó a un sector de la nomenclatura a un distanciamiento del gobierno, a la vez que los grupos contestarios cobraron un mayor protagonismo.

Por otra parte, el único país del extinto bloque socialista donde la oposición puso en riesgo el poder totalitario fue en Polonia, pero cuando el gobierno central desató su capacidad represiva, el proceso liberador fue interrumpido y solo se reactivó por la Glasnot y Perestroika de Mijail Gorvachov.

El agotamiento del modelo totalitario, tanto en Cuba como en Moscú y sus asociados, es una realidad, pero eso no significa que en la isla la situación se desarrolle de la misma manera.

Como se expuso al principio de esta presentación, el castrismo tiene sus singularidades y las medidas que ha tomado el régimen indican que no hay intención de cambio y que se prepara para resistir la voluntad de los que se oponen y las contradicciones que genere el propio sistema.

Las transiciones son consecuencias de acuerdos de facciones en conflictos, por eso demandan, sea política o de cualquier otra índole, disposición al debate y a la búsqueda de soluciones del diferendo.

La transición implica concertación y la certeza previa de que el "status quo" hace inviable la gobernabilidad.

Una transición política se supone pretende evitar una abrupta descomposición del orden establecido, por eso se procura involucrar a todos los factores presentes en el diferendo.

Para la transición es fundamental la desactivación paulatina de las estructuras del poder. Los que lo detentan tienen que estar dispuestos a las concesiones que correspondan, pero no hay evidencias que los Castros están dispuestos a hacer concesiones.

Requisito básico para una transición es el debate político. Una confrontación cívica, abierta y franca de las diferencias. Pero a ese diálogo sólo se llega cuando hay elementos suficientes para imponerlo, o el Poder considera necesaria una legitimación de su presente-pasado que le posibilite ser factor en el futuro.

La necesidad de legitimidad, a excepción del uso de la fuerza, o la conciencia de que el régimen está en un franco proceso de descomposición, es el único factor que puede determinar que la nomenclatura cubana acepte un proceso en el que perdería parte o todo el poder.

Considerando las limitadas posibilidades de la oposición para desestabilizar al régimen, es de pensar que Cuba está próxima, o envuelta según los últimos acontecimientos, en un proceso de Sucesión y no de Transición.

La intolerancia gubernamental niega espacios a la oposición, pero también a aquellos que supuestamente dentro del Poder pretenden en alguna medida transgredir el pensamiento oficial.

La gestión de gobierno de los Castro ha anulado en gran medida la supuesta voluntad de cambio que puedan albergar sectores dentro del gobierno o fuera de este.

Es de esperar que el proceso de sucesión a partir de la sustitución del Caudillo, genere cambios en la jerarquía y también en el discurso ideológico y político del aparato gubernamental.

Es posible también que el liderazgo emergente muestre disposición a buscar una legitimidad que le posibilite seguir siendo en alguna medida protagonista, lo que determinaría la configuración de una realidad nacional menos ortodoxa.

No obstante, en Cuba no parece que puedan producirse transiciones similares a la de Augusto Pinochet en Chile, a la Sandinista en Nicaragua o a la de la Junta Militar de Argentina.

Todos estos regímenes celebraron elecciones en sociedades, que aunque autoritarias, habían permitido el desarrollo de una sociedad civil que disfrutaba de una relativa legitimidad y capacidad de acción.

Tampoco parece posible que la experiencia española se repita en la isla. Las diferencias sociales y económicas entre el régimen franquista, particularmente en el periodo que muere Francisco Franco y en el presente castrista, son muy profundas, sin extendernos a otras consideraciones que desviarían el objetivo de este trabajo.

Una vez más es conveniente afirmar que el totalitarismo cubano es mesiánico, completamente diferente al de los países del extinto bloque soviético u otras dictaduras totalitarias, a excepción de la de Adolfo Hitler y Benito Mussolini.

En los estados del Este el "aparato sostenía al régimen", en Cuba, y esa puede ser una debilidad, todo parece indicar que el liderazgo de Fidel Castro es el fundamento del poder. Esa es la importancia de su presencia virtual por medio de entrevistas a dignatarios extranjeros o artículos que no abordan nunca lo que acontece en el país.

Pero aunque Castro es el símbolo, la nomenclatura tiene intereses que trascienden la existencia del caudillo, por lo que se han preparado para la ausencia del conductor[57] y conservar así el monopolio del poder político y lo que de este se derive.

En los países de Europa del Este no ocurrieron así las cosas. Hungría es un ejemplo, primero Inre Pozsgay, quien fuera mi-

[57] Es decir, que la idea de haber resistido todo el tiempo no garantiza la supervivencia de una revolución, y el ejemplo doloroso de la Unión Soviética, un pueblo que luchó de manera ejemplar la idea de haber logrado los éxitos anteriores en la lucha no justifica la autocomplacencia o la idea de que eso puede ser eterno."Felipe Pérez Roque, Ministro de Relaciones Exteriores de Cuba, en el VI Periodo Ordinario de Sesiones de la VI Legislatura de la Asamblea Nacional del Poder Popular, diciem. 23 .2005.

150

nistro de Estado y dirigente del Partido, impulsó la transición y otro líder comunista, Matyas Szuro, uno de los principales promotores de la disolución de Partido Obrero de Hungría, asumió la jefatura de Estado, lo que posibilitó cambios sin rupturas, una transición sin conflictos.

En las Repúblicas Populares no hubo sucesión, allí la democracia irrumpió, primero discretamente, luego con más fuerzas y en ocasiones con el total respaldo de los antiguos jerarcas del partido.

Algunos suponen que la sucesión puede permitir que el polen de la libertad germine, que en el proceso se produzca una evolución que dé fundamento a una especie de transición; unos terceros, más optimistas, estiman que puede haber espacios para una ruptura causada por las posibles pugnas de quienes tienen el poder.

CONCLUSIONES

Todo parece indicar que la sucesión política, con todo lo que incluye, es lo más previsible en el futuro próximo de Cuba.

La lectura del presente, especulación aparte, solo permite apreciar que los intereses de sobrevivencia de la clase dirigente están por encima de las lógicas diferencias de clanes.

Hasta este momento no se aprecia un desmoronamiento de las estructuras. No hay deserciones capitales, ni purgas radicales y todo parece señalar que Castro, a pesar de su evidente deterioro físico y mental, y del traspaso de poderes, todavía cuenta con la lealtad de aquellos que esperan sucederle.

Es posible que cuando desaparezca quien encarna el último régimen totalitario-mesiánico del mundo, el escenario cubano se semeje al que presentó Corea del Norte, después de la muerte de Kil Il Sung.

Es de prever que todo está preparado para que no haya rupturas, pero tampoco para que se produzcan sucesos que afecten el control de quienes ocupan el poder.

Sin duda que habrán nuevos favoritos, cambios en algunos escenarios políticos, pero no se avizora un andar resuelto hacia formas democráticas de gobierno.

Esa nueva ruta seguirá siendo un compromiso de la oposición y de aquellos que en el poder, esto es una hipótesis, se percaten de lo nefasto que ha sido el régimen para el país.

La sucesión a largo plazo puede ser una vía para otras formas de gobierno, pero ese proceso no podría ser identificado como transición. Los que sucedieron a José Stalin o a Mao Tse Tung generaron espacios, quebraron en alguna medida el poder totalitario, sin embargo, la naturaleza del mismo se conservó invariable por un largo período de tiempo.

Corea del Norte y la República Popular China son ejemplos de transferencia, y a pesar de los años transcurridos en el primero de estos dos países, todo sigue igual o ha empeorado. China tiene otra dinámica en el ámbito económico, pero sigue sin reconocer los derechos de sus ciudadanos.

Aunque podemos suponer que en Cuba la situación podría tener otra dinámica, hay que especular con responsabilidad.

Es una realidad que existen varios agentes ajenos al oficialismo insular que pueden ejercer influencias: el movimiento contestario que opera al interior, un exilio militante y creativo, con recursos económicos propios y factores internacionales que por un motivo u otro siempre están pendientes de lo que ocurre en la mayor de las Antillas.

La oposición interna y el exilio son los que tienen la disposición de recoger las experiencias de otros países. Los que están más dispuestos a aprender y entender son los que tienen convicciones democráticas.

La otra parte, Ricardo Alarcón, Raúl Castro, Carlos Lage, o cualquier otro jerarca, partes imprescindibles en un proceso de transición, no creen en el pluralismo ni en el debate de las ideas.

Estos factores y otros que se escapan de este análisis, pueden incidir en el proceso de sucesión que quizás determinen el inicio de una transición, pero todo parece indicar que el futuro de Cuba está enmarcado en una frustrante sucesión en el poder.

Madrid.
Julio 2007.

Los hombres no abandonan la lucha cuando la causa es justa.

Pedro Luis Boitel. 1931-1972

Hay palabras, términos, que sintetizan acontecimientos, y épocas.

En ocasiones, con solo evocar un nombre nos viene a la mente un suceso, una serie de acontecimientos o una actitud, porque ese patronímico lo simboliza, y eso es lo que sucede cuando se dice Boitel, porque este nombre es sinónimo de la resistencia en el Presidio Político Cubano.

El Presidio Político Cubano ha sido el crisol donde se han fundido verdaderos líderes. Hombres y mujeres con una profunda sensibilidad humana y Pedro Luis Boitel fue una de las individualidades que logró en el presidio una plena madurez por su voluntad de sacrificio.

Boitel era un hombre con defectos y virtudes. Dado al error y a la equivocación como todos.

No pretendemos ofrecer la vida de un santo ni la luz de un sol sin tormentas. Algunos sentían una profunda simpatía hacia su persona y otros rechazaban su carácter y manera de hacer las cosas. Era un ser humano común y corriente pero muy especial en lo que se refería a la voluntad y capacidad de sacrificio en la búsqueda de la materialización de sus ideales

Boitel trabajó en la prestigiosa CMQ, una estación de Radio y Televisión. Allí fue dirigente sindical y posteriormente, al iniciar estudios de Ingeniería en la Universidad de La Habana, se transformó en dirigente estudiantil.

Se opuso enérgicamente al golpe militar protagonizado por el general Fulgencio Batista, coordinando el servicio de comunicación clandestino del Movimiento 26 de Julio en la capital cubana.

Participó en la llamada Huelga del 9 de Abril de 1958, lo que motivó su exilio en Venezuela.

En ese país, junto a otros compañeros de lucha, instaló una planta de radio para transmitir hacia Cuba, dicha planta motivó conflictos dentro del Movimiento 26 de Julio, al extremo que la Dirección Nacional de esa organización ordenó su cierre, mandato que Pedro Luís Boitel no acató.

No fue ajeno a los conflictos políticos internos que enfrentaba la nación sudamericana, por lo que apoyó a los demócratas venezolanos cuando un alto oficial del depuesto régimen del general Marcos Pérez Jiménez intentó derrocar el gobierno provisional que presidía el contralmirante Wolfgang Larrazábal.

Más tarde respaldó el Partido Acción Democrática en sus enfrentamientos con el Partido Comunista de Venezuela. Dicha solidaridad le ganó la confianza de esa agrupación política y posteriormente la del propio presidente Rómulo Betancourt.

De regreso a Cuba se reincorporó a sus estudios en la Universidad de la Habana y al trabajo en la emisora CMQ. Boitel era un hombre con serias inquietudes y de un fuerte sentido del compromiso social, por lo que rápidamente asumió la responsabilidad de liderar una corriente de opinión en la Universidad de La Habana.

Pedro Luis había sido dirigente del Movimiento 26 de Julio y era de suponer que el gobierno que comandaba esa facción de la revolución le apoyara en sus propósitos de convertirse en el presidente de la Federación Estudiantil Universitaria.

Sorpresivamente no fue así, el liderazgo de la revolución respaldó al comandante Rolando Cubelas, uno de los líderes del Directorio Revolucionario.

Aunque aquellos fueron tiempos difíciles y complejos, hay elementos que nos pueden ayudar a entender el abandono por parte de la cúpula del Movimiento 26 de Julio del individuo que se podía considerar su representante en el alto centro de estudios, para las elecciones del 18 de octubre de 1959.

Boitel procedía de la clandestinidad, una vertiente del 26 de julio que no contaba con la simpatía de los comandantes de la

Sierra.

Por otra parte, la negativa, según refiere su compañero de lucha y exilio Néstor Penedo, a cerrar la emisora radial que desde Venezuela trasmitía para Cuba, pudo haber sido un indicio para las nuevas autoridades de que Pedro Luís no era un incondicional al proyecto que auspiciaba el recién estrenado máximo líder.

Cuenta Jorge Daubar, un amigo de la adolescencia, que la campaña contra Pedro Luis fue muy intensa y que paradójicamente se opuso a su candidatura una parte del sector del estudiantado que era abiertamente contraria a la intromisión del gobierno en los asuntos universitarios y a la fuerte influencia comunista en las instancias nacionales.

Afirma que las presiones por parte del gobierno, entre ellas la convocatoria a una candidatura unitaria presidida por Cubelas, determinaron que casi al final de la campaña muchos compañeros de Boitel le abandonaran y que hasta varios miembros de su candidatura renunciaran a participar en los comicios estudiantiles.

Al parecer, muchos de los estudiantes que rechazaban el nuevo orden consideraron que al Boitel formar parte del Movimiento 26 de Julio era el candidato gubernamental, cuando en realidad, situación que se hizo pública por diferentes medios, la persona que tenía el respaldo oficial era el comandante Rolando Cubelas, quien al final ganó las elecciones universitarias.

Otros testigos de la época aducen que Cubelas triunfó en los comicios porque contaba con amplias simpatías en el marco universitario ya que provenía del Directorio, una organización rival del Mov. 26 de Julio que había dirigido hasta su muerte José Antonio Echeverría, un líder que rechazaba abiertamente el liderazgo de Fidel Castro.

El Directorio había tenido varios enfrentamientos en el periodo insurreccional y en el propio año del triunfo revolucionario, cuando ocupó armas almacenadas en una base militar habanera.

En los meses que siguieron a las elecciones universitarias, el régimen acentuó su control de la sociedad, estableciendo una férrea censura de prensa, abolición de los partidos y el control de la economía. El totalitarismo estaba en marcha y Pedro Luís Boitel, consecuente con sus ideales, de nuevo se dispuso a participar en la lucha por la democracia.

Como consecuencia de sus actividades contrarias al gobierno, fue arrestado en noviembre de 1960, yendo a prisión cuando todavía un amplio sector del país nacional estaba identificado con el proyecto castrista.

La prisión fue intensa, cruda y dura para Pedro Luís.

En diciembre de 1960, en la Fortaleza de la Cabaña, por primera vez convirtió su cuerpo en el arma de su espíritu. A partir de ese momento realizó numerosas huelgas de hambre, algunas duraron meses, otras semanas.

Sus amigos y compañeros le recuerdan como un hombre controversial y voluntarioso. Un individuo que nunca se daba por vencido y que siempre estaba dispuesto a confrontar cuando sus convicciones lo demandaban.

Pedro Luís inició la última batalla de su vida el 3 de abril de 1972 con su cuerpo como arma y escudo. La agonía se extendió por 53 días.

Algunos afirman que fue conducido a su última huelga por las provocaciones de las autoridades penitenciarias. Otros plantean que escogió el momento y el lugar de su muerte, y unos terceros dicen que fue a la huelga por propia voluntad en la confianza de que ganaría su enfrentamiento con la dictadura, pero que cuando apreció que el enemigo no cedería, dispuso entregar su postrero aliento en el campo de batalla que había seleccionado con la dignidad y entereza que le había caracterizado.

Eduardo Figueroa, "Maqueca", para sus compañeros de presidio, fue la persona más próxima a Pedro Luis Boitel en los días finales de su existencia.

Figueroa cuenta de sus convicciones, de cómo se preparó para enfrentar el nuevo reto y de cómo advertía a sus compañeros de que en ningún momento le informaran a la dirección del penal sobre su estado de salud, después que puso a estas en conocimiento de su decisión.

Las semanas pasaron y Figueroa apreció como se deterioraba

físicamente Pedro Luis. Refiere que su voluntad no cedía un ápice y cómo su indoblegable espíritu le impedía quejarse. Apunta que siempre estuvo sereno y optimista, que dormía horas y horas un sueño profundo y tranquilo y que cuando se le preguntaba cómo se encontraba, respondía con un firme pero escueto "bien".

Vio como enflaquecía, vomitaba y orinaba sangre. Recuerda que el día 45 de la huelga le pidió que le afeitara.

Figueroa habla y escribe de aquel rostro que solo era piel y huesos, de la debilidad de un organismo que parecía estar en el umbral de la muerte y como se prometió a sí mismo de que no volvería a afeitarle aunque se lo pidiera. Describe cómo se le hundía el pecho a su amigo y como pedía su bastón, reloj y estar cubierto con la colcha que le había mandado su madre.

Su respiración era cada vez más lenta. Apenas bebía agua porque le daba más nauseas.

El día 50 vomitó sangre. Se enjuagó la boca pero sus dientes seguían manchados del rojo líquido. Dice que le pidió un cigarro y le preguntó la hora. Eran las 8.10 de la mañana. Figueroa le pidió permiso para solicitar asistencia médica, lo que Pedro Luís rehusó diciéndole en un murmullo que recordara su determinación de cuando inició la huelga y que no olvidara hacerle llegar sus pertenencias a su madre y que se hiciera amigo de su hermano.

Ese día las moscas empezaron a acompañarle. Recuerda que rodeaban a Pedro Luis, quién las espantaba pero que los insectos retornaban con pesada insistencia.

El 22 de mayo trató de hablar y no pudo. Tampoco orinó ni tomó agua. Del cigarrillo que le puso en la boca solo aspiró tres o cuatro veces para rechazarlo casi de inmediato.

Figueroa, al día siguiente, contraviniendo la voluntad del huelguista y asumiendo toda la responsabilidad con el resto de los compañeros de la galera, decidió llamar a las autoridades del penal.

Horas más tarde llegaron dos funcionarios: un sargento y un oficial de nombre Valdés. Les mostró las condiciones en que se encontraba Pedro Luís a lo que Valdés respondió. "Efectivamente está muy grave... informaré que está muy mal, que está grave, se puede ver a simple vista. Ahora bien, ya nosotros estamos cansados de Pedro Luis Boitel y de sus huelgas... lo que él pide no se lo vamos a dar. Si fuera por mí, se moría ahí mismo. Pero como yo no decido en este asunto y este es un caso de arriba, yo informaré al Ministro... pero llévate la impresión de que se va a joder"[58].

El día 52 ha llegado. Pedro Luís no alcanza las 80 libras de peso. Dice Figueroa que era un bulto en la cama. Cuenta que en la galera había un denso y respetuoso silencio. Después de nuevos reclamos, dos camilleros recogieron el moribundo cuerpo de Boitel. Eran las 4 y 40 de la tarde del 24 de mayo de 1972.

Sobre sus últimas horas hay varias versiones. Su madre, Clara Abraham, conoció la trágica noticia por las palabras groseras y ofensivas de un teniente de apellido Abad. Boitel murió el día 25.

Su fortaleza moral dominó las debilidades de su cuerpo. Fue una inmolación o un combate en el que perdió la vida, no lo sabemos, pero han transcurrido 36 largos años de su desaparición sin que su ejemplar resistencia haya sido vencida por el tiempo, al extremo que la oposición cubana, a pesar de la férrea censura, conoce de su vida y le rinde tributo honrando su memoria y enfrenta al régimen con la evocación de su nombre.

Su ejemplo está presente y en Cuba honran su memoria a pesar del terror totalitario. "Boitel Vive", como apunta en su libro el ex prisionero político, Jorge Luís García Pérez "Antúnez".

Mayo 2008

---

[58] Pedro Luis Boitel. Diario de un Mártir. Osvaldo Figueroa.

Valor de la Memoria

La memoria histórica es un concepto de relativa actualidad y, por cierto, muy debatido, porque sin dudas los que se esfuerzan en su investigación están influenciados por experiencias en las que están presentes actos de violencia política, represión gubernamental, persecuciones y otros acontecimientos contrarios a los de una sociedad democrática y en paz, por eso, cuando creamos esta institución fuimos muy precisos y definitorios al agregar "contra el totalitarismo", porque afirmábamos que daríamos una versión de nuestro pasado reciente, diferente a la oficial y que investigaríamos de ese pasado, en especial, la parte que correspondía a la lucha contra el totalitarismo.

La Memoria Histórica es individual y colectiva. Es esa parte de la historia que todavía tocamos y que algunos podemos recordar porque la vivimos o conocimos a sus actores.

El rescate de esa Memoria es el esfuerzo por conservar una visión de conjunto de lo experimentado por la comunidad, un análisis de lo acaecido, sus motivaciones y consecuencias.

Podemos decir que hemos sido los pioneros en la gestión de rescatar la historia en los países que han estado sometidos a regímenes totalitarios.

En las naciones del este europeo se constituyeron centros para rescatar la Memoria Histórica después de los cambios políticos; nosotros lo hemos hecho antes que una transición, ruptura o evolución de un proceso de sucesión posibiliten el establecimiento de una sociedad democrática que lo permita.

Le atribuimos una gran importancia a los testigos, a la memoria de quienes presenciaron o participaron en el proceso, aunque estamos conscientes de la subjetividad que puede afectar al declarante más imparcial, pero aun así y a pesar de los riesgos, hemos decidido trabajar con "memorias calientes", no solo con libros, documentos o cualquier otro rastro del ayer.

Primera parte.

El conocimiento de la historia puede evitar incurrir en los errores del pasado y una memoria colectiva en presente, favorece la defensa de los derechos y el cumplimiento de los deberes.

Conocer el pasado para participar en el presente es un mandato que de ser acatado nos protege de los probables excesos de quienes nos gobiernen o los que pretendan desestabilizar el país.

Por otra parte, la ignorancia no nos exime de responsabilidades, aunque muchos de nosotros nos defendemos en el campo de la moralidad aduciendo que desconocíamos determinados sucesos, pero ese argumento no nos libera de las consecuencias de los actos de terceros.

Por supuesto que conocer el pasado no es un antídoto contra los errores ni bálsamo para la necesaria tolerancia entre las partes que participan en un conflicto, pero es cierto que la ignorancia favorece una conducta irreflexiva que puede conducir al abuso y crear una nueva espiral de víctimas y victimarios.

También es preciso conocer sobre los hombres y mujeres que perdieron la vida o fueron a prisión. Conocer sobre personas torturadas, discriminadas, despedidas de sus empleos o que debieron marchar al exilio o padecieron el destierro interno. Cada una de esas historias se forjó con las lágrimas, la sangre, el sacrificio y el heroísmo de los que lo vivieron.

La acción devastadora de un régimen totalitario llega a lo más recóndito de la sociedad y del ser humano, por eso es tan abarcadora la memoria que genera.

El totalitarismo genera trabajo esclavo. Recordemos aquellas denominadas Brigadas Johnson o las Jacquelines, que estaban integradas por hombres y mujeres que eran obligadas a trabajar en el campo para poder obtener el permiso de salida del país.

Es necesario conocer de los desaparecidos. Muchas familias

ignoran el paradero de sus deudos. Tenemos desaparecidos en el mar, durante la lucha guerrillera, personas que fueron arrestadas y nunca procesadas.

Muchos ignoran la existencia de los "Pueblos Cautivos". Miles de compatriotas, hombres, mujeres y niños fueron desplazados de sus hogares y obligados a residir con prohibición de regresar a sus casas, porque de hacerlo irían a prisión.

En los años 60, familias completas del Escambray y de otras provincias, Pinar del Río, Matanzas y Camagüey, fueron conducidas a otras regiones del país. En la década del 70 este desplazamiento se repitió, y cientos de familias fueron obligadas a asentarse en áreas inhóspitas y construir poblados que quedaban bajo una estricta vigilancia policial.

En nuestro país hay tumbas colectivas. Lugares como un punto del cementerio de San José de los Ramos, en la provincia de Matanzas, donde están sepultados 19 guerrilleros que murieron en combate o fueron fusilados por el régimen.

¿Cuantas tumbas colectivas hay, donde están, de quienes son los restos que contienen? Todo eso hay que averiguarlo porque el hijo, la viuda y la madre tienen derecho a conocer dónde descansan los restos mortales de su familiar.

La sociedad tiene que saldar la deuda moral que contrajo con los que se enfrentaron al régimen y también con sus víctimas. Los hechos hay que hacerlos público. No se debe guardar silencio, la salud moral de cualquier nación demanda una reparación moral, pero también la recuperación de la memoria personal y familiar.

En Argentina, los organismos promotores de la revisión histórica de los actos de la dictadura militar han impulsado el concepto de "Espacios de la Memoria", que consisten en exigir que los centros clandestinos de detención sean preservados.

Nosotros, como una forma de reconocer el decoro de quienes se opusieron al totalitarismo, debemos demandar que aquellos establecimientos que fueron reductos represivos y lugares donde se cometieron asesinatos como Villa Marista, La Cabaña, el Reclusorio Nacional para Varones de Isla de Pinos y otros centros de horror similares, sean reconocidos como Plazas de la Memoria, sitios donde el pasado se muestre en toda su crueldad para evitar que vuelvan a repetirse crímenes similares.

La memoria también exige el conocimiento de los extranjeros que se involucraron en el proceso de lucha contra el régimen totalitario y en particular de aquellos que perdieron la vida por respaldar a los demócratas cubanos.

Es necesario conocer la conducta de gobiernos y entidades internacionales, estar al tanto de complicidades, pero también de los actos de solidaridad que pudieron haberse producido.

Por otra parte, honrar a quienes honraron el gentilicio es una consecuencia de la investigación histórica. Es un esfuerzo por destacar las individualidades que lo merecen, un proceso integrador de los acontecimientos que marcaron luctuosamente el pasado nacional.

Pero hay otra dimensión de iniquidades del régimen totalitario que no podemos pasar por alto, que son las violaciones que no aparecen en las estadísticas y que se pueden calificar como crímenes intangibles.

Uno de esos delitos ha sido la adulteración de nuestro pasado para recrearlo y establecer nuevos paradigmas sobre los que se sostiene el sistema.

Los símbolos patrios suelen ser modificados bajo un régimen totalitario. Los fundadores de la nación vulgarizados o identificados con la nueva nomenclatura. Se imponen normas y costumbres que tienen como único objetivo el sostenimiento del gobierno.

El control de la información y la educación ha hecho posible que el gobierno haya creado estereotipos y propias verdades, que han deformado en gran medida al individuo y a la sociedad cubana.

Desde el mito de la epopeya insurreccional hasta la "santidad" de Fidel Castro, transitando por la trilogía Nación, Fidel y Revolución y la historia de que Cuba es una nación asediada que enfrenta como David a muchos Goliats que quieren destruirla.

En consecuencia, se han impuesto a las nuevas generaciones

pautas de conductas y de pensamientos enmarcados en lo que conviene a la nomenclatura.

Otro recurso básico en el arsenal del terrorismo de estado cubano, fue la destrucción de los valores morales de la oposición y la identidad del opositor, porque quienes enfrentaban al régimen era una no persona y por lo tanto no tenía derechos.

En nuestro país la herencia totalitaria está presente hasta en el último rincón. Las calles, parques y edificios públicos están identificados con nombres que se relacionan con la dictadura.

Durante estas décadas en la Isla se ha impuesto una memoria oficial que solo recoge como justo y patriótico lo que le conviene, de ahí parte el culto a símbolos que exaltan el odio y la división entre cubanos.

Las fechas nacionales, patrióticas o religiosas, han sido cambiadas. La propaganda masiva y constante ha influenciado de manera determinante la forma de pensar y actuar de la ciudadanía. Los hábitos y costumbres que nos caracterizaban, han resultado muy afectados.

El paternalismo gubernamental ha lastrado a las últimas generaciones y en consecuencia la importancia de la familia y el compromiso del hombre con el trabajo han disminuido a niveles alarmantes.

A esto se agrega la anulación del concepto de propiedad, lo que incentiva al robo y la corrupción a perfiles realmente impresionantes.

Segunda Parte.

Hay que cultivar la memoria para cuidarse de esa "pasión" que impulsa al individuo a convertirse en masa, aquello que motiva que una persona racional se transforme en un depredador.

Si conocemos el proceso que condujo a un individuo y su comunidad a un fanatismo activo, a la exaltación de un individuo y su causa, sin considerar los perjuicios que se ocasionaban, es posible que no vuelvan a generarse ambientes emocionales que establezcan condiciones para nuevos excesos.

Por eso se hace necesario hurgar en nuestro antiguo y reciente pasado para que se haga de conocimiento público todo lo que pueda enaltecernos o denigrarnos como pueblo, porque la obra de la nación es de todos y en consecuencia ninguno de nosotros puede sustraer o agregar al conjunto, la porción que creemos favorece a nuestros intereses, porque es evidente que a la memoria colectiva corresponde una responsabilidad colectiva que trasciende al individuo.

Por otra parte, es justa una apropiada valoración de las responsabilidades individuales.

Si como un todo estamos identificados con los hechos, como persona única podemos y debemos manifestar nuestro consentimiento o desacuerdo con las acciones que las autoridades produzcan o hayan producido.

Acatar o disentir es un derecho del individuo que, aunque no lo exime de la obra del conjunto, sí lo libera como expresión especifica de la generalidad.

Conocer el pasado se hace en cada presente más importante. El ayer pudo haber sido esplendoroso o denigrante pero no puede ser borrado.

Las acciones, por remotas que hayan sido, y sus consecuencias, inciden constantemente en la obra de todos los días, porque al igual que los factores genéticos que en cierta medida determinan el estado de salud de los ejemplares de la especie, los actos del pasado ejercen una influencia definida sobre la sociedad en que vivimos o aspiramos construir.

Tampoco el rescate de la Historia puede considerarse como la búsqueda de un conocimiento que justifique incurrir en la comisión de los excesos en que otros incidieron, sino como ejemplo-advertencia de lo que sucede cuando el hombre pierde la capacidad de respetar la dignidad de otro ser humano.

El conocimiento de la historia es un justo y conveniente instrumento que debe formar parte del arsenal intelectual que posee el individuo, y factor vital en la gestión de los que se dediquen a la cosa pública.

Pero también indagar lo que pasó, y en consecuencia los posibles orígenes de lo que vivimos, en el presente puede convertirse en una abstracción peligrosa si no estamos capacitados para enfrentar con rigor la verdad sobre el ayer común.

Para lograr esto, la Memoria Histórica es el mejor instrumento, porque las personas que han vivido sometidas a un régimen de fuerza, donde la conciencia individual y colectiva ha sido manipulada y usada para estructurar una verdad oficial, necesitan conocer la realidad de todos y no de una de las partes.

Tercera Parte.

La memoria histórica es fundamental para la defensa de la democracia y los derechos del individuo y no solo un instrumento útil para satisfacer reivindicaciones.

Es, como dice el sociólogo e historiador francés Alain Touraine, a quien es imposible ubicar en una tendencia política conservadora: "es necesario que la voz de las víctimas se escuche más a menudo y más fuerte. Estas voces nos pueden decir más sobre el futuro". Y agrega: "Un problema fundamental hoy es la pérdida de la memoria. La recuperación de la palabra es algo fundamental, es por eso que tanta gente busca las palabras de los que perdieron la vida, de los que fueron torturados".

Exponer y conservar una memoria que refleje la verdad de lo ocurrido debe ser un compromiso firme entre aquellos que incursionen en la investigación. No puede ni debe existir especulación ni escamoteo de la verdad. Ni un apunte selectivo de los hechos, como vemos que ocurre en algunos de los países donde se habla de la Memoria en que la visión del pasado es sectaria y partidista.

Hay que impedir que en un eventual proceso de cambio en Cuba, encaminado a una sociedad democrática, la amnesia que ha sido impuesta hasta el presente se convierta en voluntaria.

Hay que recobrar la memoria. No una evocación adulterada. Si decidimos enfrentar el pasado debe hacerse con el compromiso de respirarlo todo, no solo hacer público aquello que convenga a los intereses del grupo.

La memoria es necesaria, porque hay que descartar la impunidad. Los victimarios están obligados al menos a ofrecer una reparación moral a sus víctimas, ya sea por el público arrepentimiento de sus actos o por la abjuración de los principios que defendían.

Los abusos, los crímenes, deben ser aclarados, porque el mejor mensaje para el presente y el futuro, es que ningún ciudadano está al margen de la justicia, que no hay impunidad.

Después de aceptar las responsabilidades, es cuando se está en capacidad para enfrentar asuntos vitales como la reconciliación y el perdón, pero ningún argumento debe ser usado para someter al silencio al que no quiera callar.

Es un derecho de la víctima denunciar y acusar a sus victimarios, si esa es su voluntad. Ningún ciudadano debe dictarle a otro lo que debe hacer con el pasado que le tocó vivir. Esa es una decisión individual que la sociedad debe respetar. Hay un derecho inalienable a la memoria personal y familiar que todos debemos venerar.

Para que una sociedad democrática pueda sobrevivir, tiene que haber orden y seguridad y eso es imposible de alcanzar si las decisiones no se fundamentan sobre la justicia.

En esto no debe haber espacio para lo que se denomina políticamente correcto, sino para lo que es justo. Hay un vínculo indisoluble entre el pasado y el presente y por eso el futuro a construirse debe sustentarse sobre la voluntad del ciudadano y no por la decisión de grupos poderosos o de corrientes oportunistas.

Tanto abuso, tanta depredación material y moral requiere el concurso de todos. Para enfrentar los crímenes contra nuestro país necesitamos de la memoria histórica y no solo de la que nuestra Institución propugna, que es la de "Lucha contra el Totalitarismo".

Son muchos los años de desgobierno en los que han jugado un rol importante muchas personas y por eso son vitales los testimonios directos.

Conclusión.

Algunos estudiosos, como el filosofo Gustavo Bueno, se oponen al concepto de la memoria histórica, aduciendo que la Historia no es memoria, ni se constituye por la memoria. La ciencia historiográfica, apunta Bueno, es una indagación del pasado a través de las reliquias que este ha dejado en el presente, en una palabra, es la investigación de documentos, monumentos, huellas, lo que desde su perspectiva deja fuera el valor de los testimonios de los sobrevivientes.

Por su parte, el historiador y ensayista español Luis Pío Moa, califica de revanchista a los que en su país promueven la investigación y divulgación del pasado y plantea que lo ideal es que nadie pretenda erigirse en juez, obviando que más allá de un eventual proceso judicial o del reconocimiento público de un crimen, es fundamental conocer cómo se produjeron los acontecimientos y que factores los determinaron.

Pero Pío Moa también afirma que la casi totalidad de las denominadas "Comisiones de la Verdad y Justicia" que trabajan sobre la Memoria Histórica, tienden a divulgar fundamentalmente los crímenes de las dictaduras autoritarias y no los ejecutados por la subversión, lo que se ajusta perfectamente a la vieja cita, "la historia la escriben los vencedores".

Siempre habrá personas e instituciones que pongan reparos a la memoria histórica planteando que lo importante es mirar al futuro y no hacia atrás, porque hurgar el pasado abre heridas y puede motivar exigencias legales y hasta personales, lo que es cierto, pero es un riesgo que vale la pena correr si queremos evitar cometer los errores que queremos enterrar.

Hay quienes opinan también que sacrificar aspiraciones de justicia en beneficio de la convivencia de todos es más prudente, pero es que el silencio es potestativo de la víctima y nadie debe abrogarse el derecho de imponer silencio a los que padecieron los abusos de la dictadura.

Nueva Jersey
Octubre 2008

Cuba y el socialismo del siglo XXl

El supuesto propósito de la nomenclatura castrista de establecer en Cuba una sociedad justa y próspera resultó en un rotundo fracaso, porque el régimen violentó de forma permanente y sistemática los derechos de todos los ciudadanos y asumió el control absoluto de los bienes de la nación.

Aun más, a pesar de las cuantiosas ayudas económicas recibidas de varios países, muy en particular de la Unión Soviética y Venezuela, no fue capaz de construir una sociedad en la que al menos el ciudadano disfrutara de mejores condiciones de vida.

El modelo cubano nunca fue funcional. La economía de la isla, con mínimas variantes, siempre fue un clon de la soviética con permanentes subsidios.

La estructura política y militar se adecuó a la del Kremlin, al extremo que la propia constitución de 1976 aludía el compromiso de Cuba con la extinta Unión Soviética.

El nuevo orden se fundamentó en el miedo y las prácticas represivas. La duda y la inseguridad ciudadana se esparcieron por toda la comunidad nacional, aislando al ciudadano e impidiendo la solidaridad.

El individuo perdió su soberanía. Se transformó en masa. En un ente amorfo que adoptó la forma y curso que el poder dispuso.

Por otra parte, el régimen invirtió cuantiosos recursos propios y ajenos en la subversión del continente y en el envío de tropas de combate y de ocupación a África, siendo el último país de habla hispana que ha contado con fuerzas expedicionarias con proyección imperialista.

La primera exportación de la Revolución Cubana fue en 1959. Militares cubanos desembarcaron en Panamá, Haití, Nicaragua y Santo Domingo.

La subversión con sus múltiples variantes operativas hizo acto de presencia en todos los países de América.

Donde existían condiciones geográficas naturales se constituyeron guerrillas rurales, a la vez que se desarrollaba una lucha urbana violenta y encarnizada. La violencia inspirada desde La Habana se manifestó sin recato y con extrema crueldad.

Cuba fue campo de entrenamiento militar y subversivo, a la vez que servía de lugar de reposo y hospital de retaguardia.

Instrumentó poderosas entidades de carácter transcontinental que servían de plataforma propagandística y de divulgación a las causas y a las personalidades de diferentes nacionalidades que respaldaban la desestabilización que impulsaba La Habana.

En la isla la clase dirigente asumió todos los poderes públicos. Se vetó el pensamiento libre. El sectarismo y el miedo contaminaron todo el entramado social del país. El individuo vive en la inseguridad y anhelando saber interpretar la voluntad de quienes detentan el poder.

Pero a pesar de tanta autoridad, la dirigencia cubana está consciente desde hace varios años que sus propósitos fracasaron y que es preciso, para conservar el control de la nación, realizar movimientos que encajen perfectamente entre los intereses de la clase dirigente y es en ese espacio en el que algunas recetas del Socialismo del Siglo XXI pueden servir al régimen cubano.

Un factor para que en alguna medida las formulas del SSXXI puedan ser satisfactorias para el régimen, es no reconocer que el proyecto fue un fracaso.

No pueden admitir errores de parte de los constructores. No hay arrepentimiento y menos aun reconocimientos de responsabilidades.

A la dirigencia le es imposible admitir que el "socialismo mesiánico cubano" solo fue exitoso en la conservación del poder, porque su carácter de contrariar la naturaleza humana, sumado a la incapacidad de los arquitectos que pretendieron construirlo, lo hacía inviable.

En la actualidad el Totalitarismo Cubano en cierta medida se ha reinventado.

La estructura superior del Poder se subvirtió a sí misma modificando algunos de los factores que no solo caracterizan al Totalitarismo, sino que diferenciaban al régimen de la isla de otros gobiernos que se identificaban con el llamado "Socialismo Real", porque el totalitarismo cubano se fundamentó en la figura dominante de Fidel Castro.

El Socialismo del Siglo XXI es particularmente útil para el proceso de Sucesión que se inició en Cuba en el 2006 y que aparentemente llegó a su final este año cuando Raúl Castro declaró que este sería su último período de gobierno.

Todo parece indicar que los Castro han determinado que es mandatorio iniciar un proceso de transición que les garantice a ellos y a toda la nomenclatura, la impunidad de sus acciones y la conservación de las riquezas adquiridas.

Por otra parte, el poder en Cuba está centralizado en el Partido Comunista, una corporación mafiosa más que ideológica o política, que según la constitución "es la vanguardia organizada de la nación cubana", y en consecuencia la institución que determina el curso del gobierno y el estado, aunque en realidad las decisiones fundamentales no las toma el pleno de los líderes de esa institución, sino un pequeño círculo de altos dirigentes, primordialmente los que integran el Buró Político.

La transición que procuran no está orientada a cambios en la concepción del poder y tampoco en el liderazgo político e ideológico del país, por lo que no es de esperar que conduzca al establecimiento de un gobierno democrático y respetuoso de los derechos humanos y en este aspecto la dictadura institucional y el despotismo electoral sobre los que se fundamenta el SSXXI son herramientas importantes.

En cierta medida, el balance de la realidad cubana tal vez determinó el surgimiento de otra visión autocrática del poder, por lo que el modelo castrista y el SSXXI se retroalimentan.

Veamos: El Socialismo del Siglo XXI procura llegar al poder por el voto y cuando accede a este, reformula el estado y ajusta las instituciones a sus intereses.

La reestructuración de los poderes públicos permite establecer la dictadura institucional.

El primer paso es una Asamblea Constituyente, en la que,

entre otros factores favorables al nuevo orden se procurará una asamblea legislativa, preferiblemente unicameral, en la que la facción despótica pueda actuar como aplanadora de una eventual oposición, y así legislar con la legitimidad que confiere el voto, contra el propio pueblo que la favoreció.

El control del poder Judicial es de suma importancia para que el Gobernante pueda actuar en el marco legal.

La capacidad de nombrar magistrados incondicionales, la posibilidad de desacreditar y posteriormente relevar a los sediciosos es determinante.

Jueces incondicionales al proyecto que encuadren en la legalidad vigente las pretensiones del gobierno, son aspectos que permiten conservar el matiz democrático de la administración.

El despotismo electoral admite el pluralismo, lo que presta una imagen de legitimidad que le falta al régimen de la isla.

La gestión económica está bajo un fuerte control estatal, pero acepta el surgimiento de nuevos ricos comprometidos con el gobierno y la sobrevivencia de la vieja clase económica, siempre y cuando no enfrente al grupo gobernante.

Por supuesto que esto no impide la confiscación y estatización de aquellos sectores de la economía que el poder pueda valorar como estratégicos, pero solo procuran el control de la economía en la medida que les permita mantenerse en el poder.

Esa es una de las diferencias claves entre el Social-Castrismo, y el Socialismo del Siglo XXI.

Las características personales del conductor tienen indiscutible relevancia, pero el gobierno procura crear un entramado burocrático en el que los intereses de quienes lo integran y el liderazgo político, se respalden mutuamente.

Una estructura que recibe atención especial son las fuerzas armadas, ya que el objetivo final es convertirla en una rama del proyecto que ha asumido el control del estado.

El discurso oficial es ultranacionalista y glorificador del rol de los militares en la sociedad. Ofrecimientos de reformas institucionales y modernización de la técnica de combate.

Se sensibiliza el cuerpo armado con los históricos problemas que padece la sociedad de la que proceden. Prebendas, favores, privilegios y honores también integran el coctel con el que buscan seducir e integrar a los militares.

Las restricciones a la sociedad civil se establecen sobre los nuevos marcos constitucionales con acciones paralelas de acoso y campañas de descréditos, que pueden partir indistintamente, del gobierno o sus aliados.

Los políticos contrarios al oficialismo pueden ser acusados de delitos y encarcelados. Los medios informativos son regulados por nuevas leyes y estas se aplican inexorablemente.

Controlar los medios de comunicación es un objetivo clave. La confiscación de los medios es un recurso, pero el preferido es incorporarlos al proyecto. La prensa "viste" de democracia, y un periodismo cipayo es el traje de gala de la dominación, de ahí la creación de numerosos medios informativos oficiales o semioficiales, o la compra de antiguos medios por sicarios del régimen.

Unos aspectos que atiende con especial interés el liderazgo del SSXXI son las redes sociales. Los mecanismos más modernos de la comunicación son usados para promover el proyecto y sus dirigentes. El "Twitter" y "Facebook" están entre sus favoritos.

Sucintamente hemos podido apreciar la diferencia en los métodos del Socialismo del Siglo XXI con el Social-Castrismo, pero también la igualdad de fines: alcanzar el poder y controlarlo de forma absoluta por el mayor tiempo posible.

El Socialismo del Siglo XXI encaja perfectamente con los intereses del régimen cubano y es de esperar, por lo que se ha podido apreciar hasta este momento, que la dictadura insular busque implementar algunos aspectos del SSXXI, en particular después que el núcleo fundador del totalitarismo salga de escenas.

La dictadura cubana tiene a su favor que ejerce un control total de la economía y que si el estado decide disminuir ese control hay una "gerencia" –aproximadamente el 65 por ciento fueron militares de alta graduación– que puede asumir con relativa independencia el manejo de las corporaciones del estado, lo que transformaría a estos individuos de privilegiados a multimillonarios.

Una situación similar ocurre con los medios de información

y las organizaciones de la sociedad civil que en el presente son parte de la maquinaria estatal. Los líderes de estas entidades y empresas se convertirían unos en dirigentes independientes o en propietarios de los medios, por lo que el entramado de intereses haría viable la permanencia de la nomenclatura y el surgimiento de nuevos líderes interesados en mantener lo ya establecido.

Otro vital campo a tener en cuenta son las Fuerzas Armadas. El principal punto de apoyo del régimen ha sido el aparato militar, mucho más que la policía política o cualquier otro organismo del estado, incluyendo al inefable Partido Comunista.

Un número considerable de miembros del Comité Central del Partido son militares[59]. Los Castro son más evocados como militares (comandantes) que como líderes políticos y en las purgas que se produjeron en el gobierno en el verano y otoño de 1989, la estructura que salió más favorecida fue la militar y sorpresivamente el equipo que se suponía leal y ortodoxo, el Ministerio del Interior, fue el gran perdedor.

En lo que respecta a la dictadura institucional que caracteriza al SSXXI, el gobierno cubano no tiene que efectuar cambios. En la isla todos los poderes públicos están supeditados a la voluntad de la clase regente.

En lo que Cuba va a tener que producir cambios para poder asumir la visión de dominio del Socialismo del Siglo XXI es en legitimar la pluralidad política y permitir la gestión pública de operadores políticos e ideológicos independientes del gobierno.

Hay que tener en cuenta que en los países que rige el SSXXI existía una diversidad política legal que a pesar de la victoria electoral de los promotores del nuevo despotismo, ha sido reconocida en las nuevas constituciones. En Cuba, en 1959, los partidos políticos fueron ilegalizados.

Por supuesto que la pluralidad política en los países que han instaurado el Socialismo del Siglo XXI es en realidad limitada y sujeta,

---

[59] Este grupo está integrado fundamentalmente por comandantes del proceso insurreccional. Algunos les llaman "Los Moncadistas", aunque no hayan participado en el ataque al Cuartel Moncada el 26 de Julio de 1953. Es el núcleo más conservador del régimen.

como se ha apuntado con anterioridad, a la voluntad oficial, pero en la isla de los hermanos Castro no existe este magro espacio.

El otro aspecto clave que el Social-Castrismo tiene que cambiar no es institucional, ya que corresponde al carácter, convicciones e intereses de quienes conducen el país.

En Cuba la intolerancia y el sectarismo han sido una práctica de estado. Perseguir al que piensa diferente es un mandato. Reprimir a quienes disientan y se opongan al gobierno es una prioridad, una característica también presente en el Socialismo del Siglo XXI, aunque con menor frecuencia e intensidad que en Cuba.

Ese cambio es fundamental para que Cuba pueda asimilarse a las autocracias del SSXXI, aunque también existe la posibilidad que esos autócratas copien al régimen de la isla y sumen a su arsenal la intransigencia de los Castro.

En la memoria colectiva de la nomenclatura castrista está presente el proceso que condujo a la extinción de la Unión Soviética, y todo parece indicar que no están dispuestos a permitir que surjan elementos que puedan destruir el régimen y terminar con su impunidad.

Pero evidentemente, el modelo del Socialismo del Siglo XXI puede ser una alternativa de futuro para Cuba en la voluntad de los que hereden el poder, pero no parece estar presente en quienes lo detentan en la actualidad.

Cierto que se han producido ajustes económicos y algunas que otras modificaciones de carácter legal que la propia sociedad demandaba, gestiones que tal vez impulsaron sectores de la clase dirigente identificadas con el despotismo que implica el Socialismo del Siglo XXI, que para ellos, no para el pueblo, puede ser la solución a los problemas que enfrenta y padece hace más de medio siglo la sociedad cubana.

Esta, por supuesto, no sería la solución. Cuba demanda cambios estructurales, incluido un lavado a fondo de la conciencia ciudadana. El individuo debe salir de la masa, ser de nuevo ciudadano para elegir un gobierno que respete sus derechos. Retomar la soberanía perdida.

Pedro Corzo
Junio 24-13

Totalitarismo y Subversión.

El diccionario refiere, "totalitarismo es lo que incluye o abarca todas las partes sin merma ninguna. Dícese de los regímenes políticos no democráticos". Pero en realidad el totalitarismo es mucho más que eso, porque el poder totalitario es aplastante, ya que trasciende la política, implica la desaparición de los poderes públicos y el fin del pluralismo en todas sus expresiones.

La sociedad totalitaria se fundamenta en el miedo que lo lacera todo, todo el tiempo, la duda que hace temer de forma absoluta y conduce a la autocensura.

El odio colectivo, que aísla e impide la necesaria solidaridad humana. El individuo pierde su soberanía. Se transforma en masa. En un ente amorfo que adopta la forma y curso que el poder dispone.

El poder totalitario destruye la sociedad civil, creando una nueva sociedad que actúa en función de un proyecto que es básicamente ajeno a la comunidad nacional.

Un proyecto donde una clase dirigente se entroniza con la capacidad de ejercer el veto al pensamiento libre, un censor que se introduce en el torrente sanguíneo del ciudadano y que lo hace vivir pensando y actuando como satisfaga a quienes detentan el poder.

Contrarrestar eso, vencer ese miedo, es ser libre, pero ese actuar puede llevar al ostracismo en el propio país, al exilio, a la cárcel y hasta la muerte.

En el totalitarismo no hay derechos porque la propia naturaleza del poder los excluye. No existe censura, porque no existe la prensa. No hay desaparecidos porque se establecen leyes que pueden condenar a muerte a cualquier trasgresor por pequeña que sea su falta.

Los sindicatos, los colegios profesionales, la enseñanza privada, en fin, todo el tejido que caracteriza una sociedad abierta, se transforma y se redimensiona como parte de una estructura que tiene como fin sostener una autoridad que interpreta la voluntad de todos y decide sobre su destino.

La práctica de una religión puede llegar a ser delito, ya que por lo regular solo se permite amar al "Supremo Terrenal", el partido o el dios viviente de turno. Ese dios temporal exige obediencia, porque cualquier otra práctica es una herejía.

El concepto de propiedad es sublimado. Solo hay un propietario, "El Pueblo", representado en un aparato partidario que es inmortal porque, aunque devora a sus propios hijos, tiene la capacidad de engendrar otros que cumplen el mismo rol de los que fueron engullidos en la última purga.

El concepto de propiedad en un estado totalitario tiene que ser abolido porque no solo puede contrarrestar la divina capacidad de dar o quitar, sino porque una gestión económica independiente puede sostener, en términos financieros, las oposiciones y disidencias que genere el régimen. Del control de la propiedad y de los bienes, por modestos que estos sean, se origina la indigencia económica de cualquier fuerza que se oponga al totalitarismo.

La libertad no existe en el totalitarismo. Es el primer derecho conculcado. En esos regímenes no existe libertad ni para alabar al amo. Los vítores son programados en su forma y en su oportunidad por el aparato de propaganda del Partido.

El totalitarismo recrea el lenguaje. Las palabras pueden adquirir un nuevo significado. La propuesta, el análisis es sustituido por consignas. El ataque verbal sustituye al dialogo. Se pretende aniquilar lo que se adversa con los términos más injuriosos y despectivos.

Por otra parte, el totalitarismo es agresivo y no se puede discutir, cuestionar, atacar o defender. El concepto obliga al sometimiento porque la neutralidad es igual que sumarse a los contrarios. El totalitarismo incursiona en la familia y la divide, estimula la delación, incentiva el odio y la envidia.

Pero el totalitarismo es un espectro de oscuridades variables. El nazismo representó una forma diferente al que promovió el sovietismo stalinista, distinto al de Mao Tse Tung y su Revolución Cultural, o al de Pot Pol de los Kmer Rouge.

El Totalitarismo castrista no es semejante a ninguno de los anteriormente mencionados.

Es un ejercicio del poder depurado en forma y contenido. Es el más refinado porque reúne todas las características expuestas con una condición particularmente peligrosa y es que el totalitarismo cubano fue mesiánico, no pasaba por un dogma de fe "santificado" por las reflexiones y experiencias de otros profetas.

En el totalitarismo cubano, el Dios, el Profeta y la Espada fue la misma persona. Una diabólica trinidad con apetitos imperiales, que nunca cesó en su propósito de exportar el modelo, para lo que utilizó diferentes formas y métodos.

En Cuba se invirtió la formula marxista del internacionalismo proletario por la de un nacionalismo activo que procuraba coludir numerosos intereses que coincidían en aspirar al control absoluto del poder. En realidad, el modelo cubano no exportaba una ideología, sino normas y fundamentos para la toma y conservación del poder.

Aclaremos que al nacionalismo al que se hace referencia es muy singular, ya que permitió que una potencia extranjera situara misiles con capacidad atómica en su territorio, apoyo las invasiones de ese protector, la Unión Soviética, a Checoslovaquia y Afganistán y envió a morir al continente africano a miles de cubanos para poder cumplir un rol importante en el conflicto Este-Oeste.

Lo importante eran las ambiciones imperiales de un hombre que se había transformado en Nación, Estado y Gobierno y que accedía a todos los recursos que obtuviera del arrendamiento de la soberanía nacional, al extremo que llegó a situar en el preámbulo de la Constitución Cubana de 1976 una invocación a la hermandad de la Unión Soviética. Tales ambiciones, causaron orfandad, la muerte de hijos, esposos y padres.

El totalitarismo Cubano no accedió al poder sobre los tanques soviéticos.

Fue consecuencia de un proceso popular y populista. Una revolución que no negaba a Dios, que se decía humanista y nacionalista. Esas fueron las promesas. La realidad, zanahoria y garrote, un aparato político y policíaco eficiente, un iluminado caudillo y el gigantesco tremedal de la guerra fría.

Resultado: un régimen que va a cumplir 55 años, con miles de fusilados, cientos de miles que conocieron y conocen la prisión, un exilio de más de un millón de personas y una descomposición económica y social que no tiene paralelos en este hemisferio.

Vale destacar que el totalitarismo cubano se singulariza por su plasticidad. No responde a ortodoxia ideológica y su práctica se caracteriza por un pragmatismo que incursiona en el oportunismo más descarnado. Puede cambiar de forma pero no de fondo. Su principio ético, digamos así, es conservar el poder sin que importen métodos ni contradicciones.

Otra especificidad del totalitarismo cubano es que es agresivo desde sus orígenes. Aun antes de instaurarse como tal, durante el proceso de gestación, 1959, auspició cuatro incursiones guerrilleras contra igual número de repúblicas en el hemisferio: las dictaduras de Rafael Leónidas Trujillo en la República Dominica, el Haití de Francois Duvalier, la Nicaragua de Anastasio Somoza y la democracia que en Panamá presidía Ernesto de la Guardia.

Pero en realidad esa agresividad se correspondía más con la naturaleza del conductor que con la ideología con la que poco menos de dos años después se identificó el individuo, y en consecuencia el proceso.

En pocos años América Latina era un volcán en erupción. Las guerrillas y la subversión se hicieron presentes en todo el continente.

Cuba fue un campo de entrenamiento, escuela de preparación política, hospital de retaguardia, sede de conferencias de solidaridad y promoción y fuente inagotable de recursos que incluían desde los más moderno fusiles ametralladores a explosivos de última generación.

En Cuba se entrenaron individuos para el secuestro de aviones y para la preparación y colocación de artefactos explosivos. Ningún país del continente fue excluido de esos actos terroristas. Recordemos aquella frase de Ernesto Guevara "El odio como máquina de matar y el tableteo de las ametralladoras".

De la isla partían expediciones integradas por altos oficiales de las fuerzas armadas cubanas que operaban en países latinoamericanos y que exigían a los grupos a los que les prestaban apoyo logístico y pertrechos obediencia a sus directrices.

Bolivia fue el país del hemisferio en el que más oficiales de las fuerzas armadas cubanas operaron. Allí estuvieron los comandantes Ernesto Guevara, Gustavo Machín, Juan Vitalio Acuña y Antonio Sánchez Díaz. En Venezuela operó el general, hoy fusilado, Arnado Ochoa, el también general Raúl Menéndez Tomasevich y los oficiales José Bouza y Ángel Frías. Recordemos que en una operación por Machurucuto murió el teniente del ejército cubano, Antonio Briones Montoto.

Es interesante apreciar que la estrategia subversiva totalitaria se apoyó en una intensa propaganda y en la seducción ideológica y política de los nuevos líderes e intelectuales que destacaban en el hemisferio. También en la compra de lealtades, en la gestación de un clientelismo que lo mismo recibía apoyo financiero, promoción intelectual y preparación política y militar.

Uno de los objetivos prioritarios del totalitarismo cubano fue la penetración de las fuerzas armadas de América Latina y/ o la aproximación política a caudillos militares que accedían al poder y que padecían el morbo del totalitarismo como Juan Velasco Alvarado en Perú y Omar Torrijos en Panamá.

Esa penetración en los cuarteles propició que en noviembre de 1960 dos militares guatemaltecos Marco Antonio Yon Sosa y Luís Turcios Lima se pronunciaran en Puerto Barrios y Zacapa, e iniciaran un conflicto que se extendió por más de 30 años.

Otros ejemplos de militares sensibilizados con los problemas sociales y políticos de sus países pero que coincidían, sino con los fines sí con las fórmulas de la toma del poder que auspiciaba el totalitarismo cubano, fueron los levantamientos militares de Carúpano y Puerto Cabello en 1962 en Venezuela, y la llamada "Rebelión de los Fusileros Navales", en marzo de 1964, en Brasil.

En julio de 1964 los servicios de inteligencia de Argentina descubrieron una red de espionaje cubana en los servicios de comunicación del alto mando del ejército y en agosto de 1963 el gobierno de Colombia descubrió un complot auspiciado por Cuba en la base naval de Cartagena.

Más recientemente, una alta funcionaria de los servicios de inteligencia naval de los Estados Unidos fue descubierta cuando pasaba información secreta de su país al gobierno de La Habana.

La subversión auspiciada por el totalitarismo cubano hizo acto de presencia en Perú a través de Luis de la Puente Uceda y Máximo Velando Gálvez.

El fundador del órgano de propaganda explícita más conspicuo del castrismo, Prensa Latina, Jorge Ricardo Masseti, cayó en su Argentina natal exportando el modelo cubano y solo como un ejemplo más recordemos a Francisco Caamaño Deñó, quien recibió el apoyo del gobierno cubano para la incursión armada que protagonizó a Santo Domingo y que concluyó con su muerte.

Hombres y mujeres cayeron luchando por ideales diferentes, pero tal vez, si el iluminismo fanático del totalitarismo cubano no hubiese hecho posible los recursos que incentivaron la subversión, esos hombres, esas mujeres, habrían construido un mundo mejor sin tener que recurrir a la violencia y en la actualidad esos talentos y voluntades estarían trabajando por el bienestar de sus respectivos países.

La vocación imperialista del caudillo, arropado en un nacionalismo que se afirmaba exportando la subversión, le aproximó cada vez más a las grandes potencias comunistas: la extinta Unión Soviética y la República Popular China. Al final, el caudillo hizo una elección que no estaba exenta de contradicciones, pero la decisión satisfacía plenamente las expectativas del momento.

Con cantos nacionalistas pero con dinero y logística soviética, se impulsó desde Cuba la creación de organismos como las Organización Latinoamericana de Solidaridad, OLAS, la Osspal, conferencias como la Tricontinental.

Soldados cubanos pelearon en Argelia, estuvieron presentes en Siria. Plantaron el imperialismo cubano en gran parte de África, particularmente en Angola y Etiopía. Miles de cubanos perecieron en esas guerras sirviendo en cierta medida como carne de cañón a la voracidad del Kremlin, pero más que todo cayeron para lustrar con su sangre y sueños perdidos, la ambición desmesurada de un centurión que llegó en un momento a creerse César.

Un iluminado que tal vez llegó a soñar con haber comandado el último ejército imperial de habla hispana en el mundo, pero que en realidad lo que hizo fue comandar una fuerza armada que prestó servicios mercenarios a una potencia extranjera.

Por años la subversión totalitaria engulló hombres y recursos millonarios.

Nicaragua, una única pírrica victoria, porque en realidad el triunfo sandinista fue la consecuencia del desprecio de un continente a una dictadura, más que la eficiencia de los subversivos que La Habana instruía y armaba.

La intervención de los servicios de la inteligencia cubana en Granada propiciaron tal inestabilidad en ese país que provocó una intervención armada por parte de Estados Unidos y otros países del área. Existe información de que las autoridades cubanas ejercían influencia en círculos políticos próximos al exprimer ministro jamaicano Michael Manley para que protagonizaran un autogolpe en las elecciones de 1980.

Muchas las fórmulas, con un solo objetivo.

Esta es a grande trancos la historia. Un apretado recuento de un totalitarismo agresivo y mesiánico que ataviado de un falso nacionalismo, auspició y auspicia un catálogo de fórmulas que no han cesado de generar inestabilidad en el hemisferio.

Aunque en el presente algunos aprecien que el fragor del conflicto ha disminuido, eso no significa que la guerra haya terminado. La subversión no ha desaparecido. Solo ha cambiado de forma.

La tesis en boga es el "Caos Social", que otros denominan como "Guerra Social" y que es la asociación de una nueva extrema izquierda con los históricos experimentados de la "Guerra Revolucionaria" de los años 60 y 70.

En base a esta nueva estrategia, los enemigos de la democracia están trabajando y se proponen, tomando como referencia los cambios sociales y políticos que han tenido lugar en los últimos años, extender su influencia y poder a todo el hemisferio.

Los que promueven esta forma de lucha, más que reivindicar los derechos nacionales o exportar un sistema ideológico, lo que están propiciando es el establecimiento de regímenes fundamentalistas en lo que respecta a la intolerancia, y totalitarios en lo que atañe a la forma de ejercer el poder.

El gobierno totalitario de Cuba sigue siendo el inspirador y sostenedor de todos estos proyectos. Tiene en todos los países viejos aliados que reciben ayuda económica para sus planes y respaldo público en sus ambiciones intelectuales, políticas o profesionales a cambio de presionar o crear inestabilidad en los gobiernos nacionales que puedan adversar en alguna medida al régimen de La Habana.

Cuba usa a sus patrocinados tal y como lo hacía la Unión Soviética con los suyos. Esos mismo individuos sirven como una especie de "cazadores de talento" en la búsqueda creciente de una clientela que en principio es seducida con viajes y vacaciones gratis o tratamientos médicos. Más tarde invitadas a conferencias y finalmente comprometidas, como consecuencia de una ingenuidad que les lleva a la complicidad.

Antes de concluir, recordemos al filosofo francés Jean Francois Revel, que escribió en su libro "La Tentación Totalitaria", que eran tres los factores determinantes en el posible surgimiento del totalitarismo: "la pobreza, el extremo nacionalismo y la ignorancia histórica de la democracia y, por supuesto, el no conciliar la democracia política con el desarrollo social". Y esos son evidentemente problemas bien presentes en Nuestra América, así que para inmunizarnos de la Tentación Totalitaria lo mejor que podemos hacer es trabajar juntos por una sociedad democrática, solidaria, justa y pluralista en la que se respete la dignidad plena del hombre".

Junio 2013.